AI와 건설 산업

AI문고

인공지능 시대입니다. 기계가 인간의 인지를 대신하고, 사물이 인간을 통하지 않고 다른 사물과 직접 커뮤니케이션합니다. 이에 따른 인간 삶과 문명 변화를 정확히 이해·예측·대응하는 것은 이 시대 우리 모두의 과제입니다. AI문고는 인공지능 기술과 환경의 여러 주제를 10가지 키워드로 정리합니다. 관련 개념과 이론, 학계와 산업계의 쟁점, 우리 일상의 변화를 다룹니다. 인간과 기술의 현재, 미래를 세심히 분석합니다.

일러두기

- 인명, 작품명, 저서명, 개념어 등은 한글과 함께 괄호 안에 해당 국가의 원어를 병기했습니다.
- 외래어 표기는 현행 어문규정의 외래어표기법을 따랐습니다.

처음이세요?

전문가세요?

AI와 건설 산업

조성광

대한민국, 서울, 커뮤니케이션북스, 2026

AI와 건설 산업

지은이 조성광
펴낸이 박영률

초판 1쇄 펴낸날 2026년 1월 19일

커뮤니케이션북스(주)
출판 등록 2007년 8월 17일 제313-2007-000166호
02880 서울시 성북구 성북로 5-11
전화(02) 7474 001, 팩스(02) 736 5047
commbooks@commbooks.com
www.commbooks.com

ISBN 979-11-430-1619-5 03500

책값은 뒤표지에 표시되어 있습니다.

차례

인공지능 시대, 건설 산업은? xi

01 인공지능과 건설 산업의 교차점, 빅데이터 1

02 건축가, 엔지니어, 노동자의 AI 수용과 역할 전환 11

03 AI가 바꾸는 건설 개발 기획 27

04 설계 창작의 개념 전환과 건축 저작권 39

05 건설 재료와 AI 55

06 공정 관리와 시공 안전 67

07 디지털 트윈과 건설 정보 관리 81

08 도시와 건축 문화의 변화 97

09 AI의 제도적 수용과 정책 과제 109

10 AI 시대 건설 산업의 미래상 119

인공지능 시대, 건설 산업은?

우리는 지금 기술 문명의 전환기 한복판에 서 있다. 인공지능(Artificial Intelligence, AI)의 발전은 특정 산업에 국한되지 않고, 사회의 기반 구조와 운영 방식 자체를 바꾸고 있다. 이러한 변화의 물결 속에서, 오랫동안 기술 수용의 후발 영역으로 인식되어 온 건설 산업 역시 전환점에 도달하고 있다.

AI는 공장 자동화를 넘어, 드론 기반 측량 · 공정 예측 · 탄소 배출 분석 · 설계 자동화 · 시공 로봇으로 건설 전 분야에 침투했다. 그리고 그 중심에서 "건설 산업은 어디로 나아가야 하는가"라는 새로운 질문이 생겨났다.

건설 산업의 복잡성과 비효율성

건설 산업은 산업 규모만 보더라도 국가 경제에서 큰 비중을 차지한다. 2021년 기준, 대한민국 건설업 기업체수는 8만 7891개, 종사자수는 181만 명, 매출액은 506조 7000억 원, 부가가치는 151조 1000억 원으로 조사되었다(통계청, 2023). 글로벌 건설 산업은 연간 약 10조 달러 규모로 세계 GDP의 약 13%를 차지한다.

그러나 그 거대한 규모에도 불구하고, 건설 산업은 '생산성 정체 산업'이라는 오명을 벗지 못하고 있다. 맥킨지 글로벌 연구소(McKinsey Global Institute)는 2017년 보고서에서 건설업이 지난 20년간 전 세계적으로 연평균 노동 생산성 증가율이 1% 미만에 머물렀다고 분석하였다. 이는 같은 기간 제조업 3.6%는 물론 전 산업 분야 평균 2.8%에도 크게 못 미친다.

그 원인은 무엇인가. 건설 산업은 다단계 계약 구조, 현장 중심의 작업, 프로젝트별 비표준화, 비정형적 의사결정, 복잡한 인허가 시스템 등으로 인해 디지털화와 자동화가 어려운 산업이었다. 이러한 구조적 복잡성과 단절은 정보 흐름을 방해하고, 생산성과 예측 가능성을 저해하는 주요 원인으로 작용해 왔다. 설계와 시공, 감리와 발주, 기획과 유지 관리 등 수많은 주체가 상호 충돌하거나 정보가 단절되는 구조 속에서, AI의 개입은 단순한 기술 변화가 아니라 산업 운영 방식 전반에 대한 구조 개혁을 의미하게 된다.

인공지능, 건설 산업의 어디에 적용되는가

AI는 건설 산업의 전 영역에 걸쳐 적용 가능성을 보이고 있다. 주요 영역을 간략히 분류하면 다음과 같다.

설계 단계: 자연어 기반의 법규 검토, 건축 계획의 자동 제안, BIM 모델 자동 생성, 에너지 시뮬레이션 등.

시공 단계: 공정 예측, 작업 스케줄 최적화, 장비 가동률 분석, 재료 수급 조절, 안전 관리 자동화 등.

유지 관리 단계: IoT 기반 모니터링, 이상 감지, 예측 유지보수, 생애 주기 비용 분석 등.

예를 들어, 미국의 모턴슨(Mortenson)사는 AI를 통해 현장 사진 · 동영상을 분석하여 안전모 미착용, 추락 위험 등 위험 요소를 자동 식별하고, 향후 사고 발생 가능성을 80% 정확도로 예측하며, 이를 통해 실질적인 사고 감소와 연간 140만~360만 달러 절감 효과를 보고 있다. 영국 발퍼 비티(Balfour Beatty)사는 8000건 이상의 보건 · 안전 문서와 현장 데이터를 AI가 분석하여 과거 사례 기반의 위험 예측을 통해 안전 관리 및 허가 절차의 자동화와 효율화를 이루었다.

한국에서도 국토교통부는 2018년 "스마트 건설 기술 로드맵"을 수립하여, 2030년까지 건설 자동화를 완성하겠다는 목표를 제시하였다. 이 로드맵은 건설 정보 모델링(BIM), IoT, 드론, 로봇 등 첨단 기술을 건설 전 과정에 접목하여, 설계 · 시공 · 유지 관리 단계별로 자동화 기술과 디지털 기반 시스템을 단계적으로 개발 · 도입하려는 종합 전략을 담고 있다.

설계 자동화에서 설계 윤리로

특히 주목할 지점은 기획 · 설계 단계에서의 자동화 진전이다. 2D 캐드 설계에서 3D BIM 설계로 전환된 이후, AI는 다음 단계인 '의사 결정 자동화'로 나아가고 있다.

예컨대, 오토데스크(Autodesk)의 레빗(Revit)은 이제 다양한 AI 기반 플러그인을 통해 창문 배치, 구조 해석, 에너지 소비량 예측까지 자동화한다. GPT 기반 LLM은 법규 질의응답, 설계 가이드 검토, 유사 프로젝트 비교 분석을 텍스트 입력만으로 처리한다.

그러나 여기서 문제는 AI가 제안하는 '최적'이 실제로 인간이 원하는 공간과 부합하는지다. 건축은 기능 외에도 심미성, 지역 맥락, 개인의 감각 등이 중요하기 때문이다. 평균을 따르는 건축, 코드에 맞춰진 건축은 결국 '창의성의 침묵'을 야기할 수도 있다. 설계 자동화의 확산은 피할 수 없는 흐름이지만, 그 적용 범위와 방식은 기술이 아닌 사회적 책임과 공공성의 기준 위에서 결정되어야 한다.

공정과 안전, AI가 사람보다 잘할 수 있는가

건설 현장은 산업 재해가 집중되는 고위험 작업 환경이다. 2022년 기준, 건설업의 업무상 사고 재해자 수는 2만 7432명으로 전체 업무상 사고 재해자(10만 7214명)의 25.59%를 차지했으며, 업무상 사고 재해율은 1.10%로 전체 산업 평균 업무상 사고 재해율(0.53%)의 약 2.1배에 달했다.

또한 산업 재해 조사 대상 사망 사고 기준, 전체 사망자 623명 중 328명(52.6%)이 건설업에서 발생한 것으로 나타났다(고용노동부, 2022).

AI 기반의 영상 분석, 착용형 센서, 드론 감시 시스템은 이러한 문제를 줄이기 위한 기술로 활용되고 있다. 예를 들어, 인공지능은 CCTV 영상에서 작업자의 안전모 미착용이나 추락 위험 자세를 실시간 감지해 관리자에게 경고를 보낼 수 있다. 또한, IoT 센서는 장비의 이상 진동을 사전 감지하고, AI는 이를 학습해 사고를 예측한다.

중대재해처벌법 시행으로 현장의 안전 관리 의무와 책임이 법적으로 한층 강화된 만큼, AI는 위험 예측 · 실시간 모니터링 · 데이터 기반 분석을 통해 잠재적 사고를 사전에 감지하고 경고함으로써 현장 책임자가 보다 신속하고 정확하게 위험을 통제할 수 있도록 지원하는 데 유용할 것이다. 다만 최종 판단 권한과 책임은 여전히 현장의 경험과 통찰을 가진 인간에게 주어지며, 현장 책임자는 AI가 제시한 경고와 분석 결과를 바탕으로 선제적인 예방 조치와 안전 문화 정착을 적극적으로 주도해야 한다.

건설 재료와 환경의 AI

탄소 중립은 이제 선택이 아닌 의무가 되었다. 건설 산업은 전 세계 탄소 배출의 약 38%를 차지하는 산업이며, 그 중 자재 생산(시멘트, 철강 등)이 상당한 비중을 차지한다(GlobalABC, 2020).

AI는 재료 선택 단계에서부터 탄소 배출량을 계산하고, 제조 과정에서 이산화탄소를 다량 배출(시멘트 1톤 제조 시 약 800kg의 이산화탄소 배출)하는 시멘트를 대체할 수 있는 자재를 제안한다. MIT 콘크리트 지속 가능성 허브(Concrete Sustainability Hub)는 AI 프레임워크를 활용해 100만 건이 넘는 암석 샘플과 방대한 학술 문헌을 분석하여, 시멘트의 일부를 대체할 수 있는 물질들을 자동으로 식별하였다.

또한 AI를 이용한 콘크리트 배합 설계를 통해 최적의 압축 강도와 경화 속도를 도출하여, 시멘트의 과잉 사용을 줄일 수 있다. 이 역시 탄소 감축으로 이어진다. 2025년 Scientific Reports에 발표된 연구에서는 심층 신경망 모델을 활용해 50MPa 이상의 압축 강도를 유지하면서 시멘트 사용량을 최대 25%까지 절감하는 최적 배합을 자동 도출한 사례가 보고되었다.

제도는 기술을 따라가는가?

기술 발전은 빠르지만 제도 개선은 느리다. AI 기술이 건설 산업 곳곳에 확산되고 있음에도, 이를 제도적으로 수용하는 체계는 아직 미흡하다.

현재 국토교통부가 관리하는 국가 건설 기준은 20개 분야에 걸쳐 약 1140여 개에 달한다. 이러한 기준은 관련 전문가 검토와 중앙건설기술심의위원회 심의를 통해 제·개정되어 왔으나, 일부 상충 구간이 발생해 실무자가 불편을 겪는다. 인공지능 언어 모델을 이용한다면 중복되거나 상충하는 설계 기준과 표준시방서를 정리할 수 있을 것이다.

한편, "스마트 건설 기술 활성화 지침"은 스마트 건설 기술의 정의와 활용 촉진을 규정하지만, 구체적 데이터 표준화, 검증 · 인증 절차, 책임 소재 규정 등에 대한 세부 기준을 마련하지 않아 기술 도입 시 해석과 적용에 편차가 발생할 것이다.

"건설 산업 BIM 기본 지침"과 "BIM 시행 지침"은 BIM 적용의 기본 원칙과 데이터 관리 · 표준을 제시하며, 설계 · 시공 · 유지 관리 단계 전반에서의 협업과 성과품 작성 기준을 규정한다. 그러나 AI를 포함한 자동화 워크플로에 대한 언급은 없어, 기존 3D 모델링과 수작업 검토 방식을 전제로 하며, BIM 성과품은 여전히 허가 · 신고용 설계 도서로 인정되지 않고 있다.

AI 시대, 건설 산업은 어디로 나아가야 하는가

기술이 산업을 이끄는 시대다. 그러나 중요한 것은 건설 산업이 단지 기술 수용의 대상이 아니라, 기술과 함께 산업의 본질을 재정의해야 할 시점이라는 것이다.

건설 산업은 단순히 시설을 공급하는 것이 아니라, 인간의 생활과 도시의 질서를 결정하는 공공성과 밀접한 산업이다. 이러한 산업에서 AI는 수단이지 목적이 될 수 없다.

AI는 공정의 불확실성을 줄이고, 설계와 시공의 예측성을 높이며, 자원의 낭비를 줄이는 도구가 될 수 있다.

그러나 인간의 판단, 책임, 창의성은 대체되지 않는다.

이 책은 단지 기술과 정보를 소개하는 데 그치지 않는다. 이 책이 주제는 물음에 있다.

"AI 시대, 건설 산업은 무엇이 되어야 하는가?"

참고문헌

고용노동부(2022). "2022 산업 재해 현황 분석".

통계청(2023). "2021년 건설업조사 보고서".

Brown, K.(2019.3.13). Top contractors partner with AI firm to prevent jobsite accidents before they happen. Construction Dive.

GlobalABC(2020). Launch of the 2020 Global Status Report for Buildings and Construction.

McKinsey Global Institute(2017). Reinventing Construction: A Route to Higher Productivity.

Thibault, M.(2024.3.20). Balfour Beatty working on AI-based safety, project apps. Construction Dive.

Tipu, R. K. et al.(2025). Optimizing sustainable blended concrete mixes using deep learning and multi-objective optimization. *Scientific Reports, 15*.

01
인공지능과 건설 산업의 교차점, 빅데이터

•

건설 산업은 오랫동안 경험과 직관에 의존해 왔지만, 복잡성과 불확실성이 커진 오늘날에는 데이터 기반의 사고가 필수적이다. AI는 데이터를 매개로 BIM, GIS, IoT, LLM 등의 디지털 기술과 결합하여 건설 전 과정을 예측하고 최적화하는 도구로 부상하고 있다.

기후 위기와 인공지능?

건설 산업의 비효율성과 AI 도입 배경

건설 산업은 고정된 생산 설비 없이 매 프로젝트마다 장소와 팀이 달라지는 특성으로 인해 산업 전반에 고유한 비효율을 내재하고 있다. 프로젝트별 맞춤 설계, 복잡한 공급망, 현장 작업자의 경험 의존 등이 그 원인이다.

이러한 구조적 문제는 결국 비용 초과, 공기 지연, 품질 저하, 안전사고 등으로 이어지며, 이로 인해 디지털 기술을 통한 구조 개선의 필요성이 커지고 있다. 특히 AI는 데이터를 기반으로 하는 예측 · 판단 능력을 통해 건설 현장의 불확실성을 낮추고 반복적 업무를 자동화할 수 있으므로 생산성 제고의 핵심 수단으로 평가된다.

맥킨지(McKinsey)는 2011년 보고서에서 건설 산업의 빅데이터 활용 가능성 및 생산성 성장률을 모두 최하위권으로 진단하였다. 그러나 건설 현장에서 이루어지는 장비, 자재의 동선, 작업자의 행위, 콘크리트 배합 설계와 재령별 강도 발현 양상, 현장의 자연적 · 법률적 입지 조건, 매일의 기상 상황, 주변의 교통 환경, 발생하는 소음 · 진동 · 미세먼지와 그에 따른 민원 처리, 공사 비용과 공사 기간 등의 모든 것은 빅데이터가 될 수 있다. 건설 산업에서 축적할 수 있는 빅데이터는 다른 어떠한 산업군보다 다양하고 방대하므로 그 활용 가능성은 무궁

무진하게 열려 있다고 보아야 한다. 맥킨지 보고서는 틀렸다고 단언한다.

건설 기술의 디지털 전환: BIM, GIS, IoT, LLM

AI는 독립적으로 작동하기보다는 다양한 디지털 기술들과 결합할 때 그 효과가 극대화된다. 특히 건설 산업에서 다음 네 가지 기술은 AI 적용의 핵심 기반으로 작용한다.

BIM(Building Information Modeling)

BIM은 건축물의 물리적 · 기능적 정보를 3차원 디지털 객체로 통합 관리하는 기술로, 설계부터 시공, 유지 관리까지 건축물 전 생애 주기의 모든 정보를 연계한다. BIM 모델은 구조, 설비, 전기, 마감 등 다양한 분야의 데이터를 포함하며, 이들 간의 공간적 충돌을 자동 검토할 수 있다. 또한 설계 변경 이력, 자재 수량, 공정 순서 등의 정보를 통합하여 프로젝트 관리의 중심 도구로 활용된다. AI는 BIM 데이터에서 도출된 공간 정보와 공정 시뮬레이션 결과를 분석하여 자재 수요를 예측하거나 설계안의 구조적 안정성을 자동 평가하고, 일정 최적화, 시공 리스크 식별 등의 정밀한 의사 결정을 지원할 수 있다. 건축물 운영 단계에서도 BIM은 설비별 위치, 스펙, 유지 보수 이력을 제공하는 디지털 자산으로 활용된다.

GIS(Geographic Information System)

GIS는 공간 정보를 기반으로 위치, 지형, 토지 이용, 교통, 인프라 등 다양한 지리 공간 데이터를 수집, 분석, 시각화하는 기술이다. 건설 프로젝트에서는 부지 특성 분석, 입지 선정, 재해 취약 지역 파악, 인프라 최적 배치 등에 GIS가 활용된다. 예를 들어 도심지에서는 도로망, 대중교통 접근성, 지반 안정성, 환경 영향 등의 다양한 데이터를 종합 분석하여 입지를 결정할 수 있다. AI는 GIS 데이터의 시계열 및 패턴을 학습하여 교통 혼잡도 예측, 침수 위험 분석, 도시 열섬 분포 추정, 대기질 변화 시뮬레이션 등을 수행할 수 있다. 또한 도시 수준의 인프라 계획 수립이나 스마트시티 구현에서 AI 기반 GIS는 공간적 정책 의사 결정의 핵심 도구로 작용할 수 있다.

IoT(Internet of Things)

IoT 기술을 통해 건설 현장의 각종 센서 및 장비에서 실시간 데이터를 수집함으로써 장비 가동률과 작동 상태, 작업 환경(온습도, 진동 등), 작업자 동선 등을 모니터링한다. AI는 이 데이터를 기반으로 설비 고장 예지, 안전

사고 위험 예측, 에너지 사용 최적화, 작업자 피로도 분석 등 다양한 실시간 의사 결정 지원을 가능하게 한다.

건축물 관리 단계에서는 IoT 기능이 내장된 스마트 센서와 설비 장비들을 통해 조명, 냉난방, 환기, 수변전 등 에너지 설비의 상태, 실내 공기질, 온습도, 이산화탄소 농도 등의 환경 정보, 엘리베이터, 보일러, 공조기 등의 고장 징후, 출입 기록 및 사용자 행동 패턴 등을 지속적으로 모니터링할 수 있다. 이 데이터는 AI와 결합되어 예방 정비(Predictive Maintenance), 에너지 효율 최적화, 실내 환경 품질 유지, 시설 운영비 절감, 건물 사용자 맞춤형 서비스 제공 등에 활용될 수 있다.

LLM(Large Language Models)

LLM은 대규모 텍스트 데이터를 학습하여 언어의 의미와 구조를 이해하고, 새로운 문장을 생성하거나 요약 · 변환 · 분류할 수 있는 인공지능 언어 모델이다. 건설 산업에서는 방대한 양의 기술 문서, 시방서, 계약서, 법령, 설계 기준, 민원 응답 등 다양한 문서가 생성되는데, 이들을 사람이 해석하고 정리하는 데에는 많은 시간과 비용이 소요된다. LLM은 이러한 문서를 자동으로 분류하고 핵심을 요약하며, 특정 질의에 대한 정리된 응답을 제공함으로써 업무 효율을 극대화한다. 예를 들어 RFP 문서 초안 작성, 시방서 항목 비교, 민원 데이터 분류, 법령 요건 자동 해석 등 업무 자동화가 가능하다. 나아가 AI 기반 LLM은 건설 분야 전문가 시스템 구축이나 지식 기반 검색 시스템의 핵심 기술로 발전할 수 있으며, 방대한 공종별 지침과 시방서를 일목요연하게 정리할 수 있다.

정리하면, BIM은 3차원 설계 정보를 통합 관리하고, GIS는 지리 공간 정보를 다루며, IoT는 센서 데이터를 실시간으로 수집하고, LLM은 언어 기반의 문서를 이해하고 생성하는 기능을 갖고 있다. 이러한 기술들이 단독으로도 유용하지만, AI와 결합될 경우 그 효과는 단순한 합을 넘어서는 시너지를 낸다.

AI는 GIS 데이터를 활용하여 최적 부지를 선정하고, BIM 데이터를 분석하여 수정안을 제시할 수 있다. IoT 데이터와 연계된 AI는 장비 고장이나 안전사고를 사전에 예측하고, LLM은 복잡한 기술 문서나 계약서를 자동으로 요약하고 해석해 업무 시간을 단축시킨다.

이처럼 AI가 각 기술의 데이터를 학습하고 분석하는 능력을 더함으로써, 건설 프로젝트 전반에 걸친 설계, 시공, 운영, 유지 관리 등 모든 단계가 데이터 기반의 정밀한 의사 결정 체계로 전환될 수 있다.

결국 건설 산업은 사람의 경험에만 의존하던 방식에서 벗어나, 정량적이고 예측 가능한 '데이터 중심 생애주기 관리' 체계로 재구성될 수 있는 것이다.

빅데이터 기반 예측과 의사 결정의 패러다임 전환

AI의 본질은 '예측'에 있다. 특히 건설 산업처럼 다변적이고 불확실성이 큰 산업에서는, 예측의 정밀도와 대응속도가 곧 경쟁력으로 직결된다. 과거에는 프로젝트 지연, 예산 초과, 품질 저하, 사고 발생 등 다양한 변수들이 시공 후에야 가시화되었고, 이에 따른 대응은 대부분 사후적 · 보완적 조치에 그쳤다. 그러나 AI는 과거의 유사사례, 환경 조건, 작업 흐름, 재료 특성 등 다차원 데이터를 학습함으로써, 이러한 위험 요소들을 사전에 식별하고 가장 합리적인 대안을 제시할 수 있다.

예를 들어, AI는 공정 지연의 주요 원인이 특정 공종 간의 작업 순서 충돌이나 장비 병목 현상에 있다는 사실을 수천 건의 프로젝트 데이터를 통해 도출할 수 있다. 또한, 작업자의 동선과 장비 가동 데이터를 함께 분석하여 안전사고가 빈번히 발생하는 위험 구간을 자동 탐지하고, 이에 따라 작업 계획과 동선 배치를 사전에 조정할 수 있다. 콘크리트의 배합 설계와 재령별 강도 발현 데이터를 기상 조건과 연계하여 양생 기간을 최적화하는 것도 가능하다. 이처럼 AI는 통합된 데이터 기반 예측을 통해 시공 전 의사 결정의 선제적 개입을 가능하게 하며, 이는 공정 안정성과 품질 확보, 비용 절감, 안전 강화로 직결된다.

AI 기반 의사 결정은 나아가 건설 산업의 역할 분담 구조 자체를 재편하는 전환점이 될 수 있다. 이전에는 설계자는 도면을, 시공자는 공정을, 발주자는 비용과 일정을 관리하는 식으로 기능이 분절되어 있었지만, AI는 이 모든 정보를 실시간으로 연결하고 조정함으로써 정보 중심의 통합 관리 체계를 요구하고 이끌어낸다. 즉, 각 주체는 더 이상 단일 역할 수행자가 아니라 데이터 기반 판단을 공유하는 협업 파트너가 되어야 한다. 이는 단순한 기술 혁신이 아니라 건설 산업의 사고방식과 업무 구조 전반을 전환시키는 패러다임의 이동이다.

이러한 전환은 결국 건설 산업을 정량화가 가능하고 예측 가능한 시스템 산업으로 재구성하게 만든다. 과거의 건설이 '현장의 경험'과 '직관적 대응'에 의존하는 산업이었다면, 앞으로의 건설은 데이터에 기반한 알고리즘적 사고, 예측 중심의 설계 · 시공, 자동화된 운영 · 관리를 특징으로 하는 산업이 될 것이다. 이 과정에서

BIM, GIS, IoT, LLM은 AI의 학습과 예측 능력을 증폭시키는 핵심 도구이며, 이들이 축적한 데이터는 새로운 가치 창출의 자산이자 경쟁력의 원천이 된다.

결국, 건설 산업에서 AI의 도입은 단순한 자동화 도구의 채택을 넘어, '인간의 직관'에서 '기계의 예측'으로, '경험 중심'에서 '데이터 중심'으로 이행하는 근본적 변화를 의미한다. 이 변화는 산업의 체질을 바꾸고, 나아가 건설의 사회적 신뢰성과 지속 가능성을 제고하는 방향으로 작동하게 될 것이다. 이는 단지 기술의 진보가 아니라, 건설이라는 행위 자체에 대한 새로운 정의를 요구하는 시대적 요청이라 할 수 있다.

의사 결정의 패러다임 전환

- 경험 기반 판단 → 데이터 기반 판단
- 사후 대응 → 사전 예측 및 대응
- 개별 최적화 → 프로젝트 전체 최적화

이에 따라 건설 산업의 각 주체인 건축가, 엔지니어, 노동자 및 디벨로퍼(Developer)는 AI가 제공하는 정보와 예측력을 어떻게 수용하고 활용할 것인지에 따라 각자의 역할과 책임의 재정립이 요구된다. 이 점은 2장과 3

장에서 살펴본다.

참고문헌

Bock, T. & Linner, T.(2015). *Robot-Oriented Design: Design and Management Tools for the Deployment of Automation and Robotics in Construction*. Cambridge University Press.

McKinsey Global Institute(2011). Big Data: The Next Frontier for Innovation, Competition, and Productivity.

Sacks, R. et al.(2018). *BIM Handbook: A Guide to Building Information Modeling for Owners, Designers, Engineers, Contractors, and Facility Managers(3rd ed.)*. Wiley.

02
건축가, 엔지니어, 노동자의 AI 수용과 역할 전환

AI는 건설 산업에서 직무의 경계를 허물고 있다. 건축가는 큐레이터로, 엔지니어는 알고리즘 튜너로, 노동자는 기계와 협업하는 해석자로 변화한다. 이러한 변화는 단순한 자동화가 아닌, 건설 주체의 역할 재정의로 이해되어야 한다.

노래하는 AI 보컬?

건축가의 직무 변화

과거 건축가는 건축 설계와 시공 전반을 총괄하는 마스터 빌더(master builder)의 위상에 가까웠다. 아이디어를 창출하고 도면을 작성하며, 현장 기술자와 장인 집단을 직접 조직하고 이끌어 건축을 실현하는 창조자이자 실행자로 기능했다.

이러한 통합적 역할은 중세와 르네상스 시대까지 지속되었으나, 근대 이후 건축 기술의 복잡화, 전문 분야의 세분화, 발주 구조의 변화와 함께 건축가의 권한은 디자인 중심의 전문 기능으로 재편되었다. 구조, 설비, 시공 관리 등의 영역은 별도의 기술 전문가에게 분담되었고, 건축가는 디자인 및 설계도서 작성에 주력하는 전문 영역으로 역할이 한정되면서 프로젝트 전체에 대한 통합적 통제권을 상실했다.

생성형 AI의 영향

그러나 최근 BIM과 AI의 등장은 다시금 건축가의 역할을 재구성하는 전환점이 되고 있다.

BIM의 도입은 설계와 시공간의 경계를 흐리고, 공정·자재·비용 정보가 통합된 모델을 통해 설계자가 시공 프로세스를 직접 고려해야 하는 구조를 만들었다.

여기에 AI, 특히 생성형 AI(Generative AI)가 결합되면서 건축가에게는 설계안 창작자로서의 역할 외에도 생성된 다수의 설계안 중에서 선택하고 수정하는 큐레이터 또는 설계 프로세스를 감독하는 관리자로서의 역할도 요구되고 있다.

생성형 AI는 건축가에게 두 가지 방식으로 영향을 준다. 첫째, 미드저니(Midjourney), 달리(DALL · E)와 같은 텍스트 기반 이미지 생성 도구는 아이디어 스케치 단계를 대체하여 대량의 설계안을 제공하므로, 건축가에게는 수많은 설계안을 전제로 한 선택, 평가, 편집, 조정의 역량이 요구된다.

둘째, 파라메트릭 디자인(Parametric Design)이나 제너러티브 디자인(Generative Design) 같은 AI 도구는 특정 성능 조건(채광, 통풍, 구조 안정성 등)을 최적화한 수천 개의 대안을 자동 생성함으로써 건축가의 창의적 개입 영역을 달리 설정하게 만든다.

이러한 상황에서 건축가는 전통적인 창작자라기보다는 편집자에 가깝게 된다. 아울러 AI가 제시한 설계안의 방향성을 읽고, 맥락화하며, 제약 조건을 조정하는 역할을 담당하게 된다. 이는 예술 전시에서 큐레이터가 수행하는 역할과 유사하다.

설계 품질 관리 및 해석자로서의 역할 확대

AI 기반 설계는 정량적 분석에 강하지만, 설계 의도와 맥락의 해석, 사회적 · 문화적 적합성 판단에는 한계가 있다. 따라서 건축가에게는 AI 설계를 '해석'하고 인간중심의 판단 기준으로 재조정하는 역할이 새롭게 강조된다.

예를 들어, 기계가 생성한 설계 대안 중 구조적으로 가장 효율적인 안이 반드시 건축주의 감성이나 도시 맥락에 부합하는 것은 아니다. 이때 건축가는 인간적, 윤리적, 미학적 기준을 적용하여 '디자인 품질'을 통제하는 관리자이자 통합적 해석자의 역할을 수행하게 된다.

새로운 기술 역량의 요구

AI 시대의 건축가는 이전과는 전혀 다른 역량 지형 위에 서게 된다. 건축 설계의 역할을 넘어, 기술과 인간, 데이터와 맥락 사이를 조율하는 역량이 필요하게 될 것이다.

우선 생성형 AI 도구와 협업하기 위해 건축가에게는 자신의 설계 의도를 명확하고 구조화된 언어로 표현하는 프롬프트 설계 능력(prompt engineering)이 중요하다. 이는 단순한 명령 입력을 넘어, 설계적 사고를 컴퓨터가 이해할 수 있는 방식으로 언어화하는 능력을 뜻한다.

또한 데이터 해석 능력도 필수적이다. 도시의 맥락,

사용자 행태, 환경 정보, 시뮬레이션 결과 등 다양한 데이터를 바탕으로 AI가 생성한 설계 대안의 타당성과 맥락성을 판단하는 분석적 감각이 요구된다. 이는 과거의 직관적 판단을 넘어, 정량과 정성의 균형을 고려한 설계적 판단 능력으로 확장된다.

AI와의 협업은 필연적으로 다학제 간 소통을 동반한다. 따라서 건축가는 구조, 기계, 정보 기술, 행정, 사회적 사용자 등 다양한 분야의 전문가들과 협업이 가능한 언어와 사고의 다리를 놓는 사람이 되어야 한다.

기술적 매개를 넘어서, 건축이 궁극적으로 다루는 공간성과 인간성을 타 분야와 연결하는 해석자적 역할 또한 강조된다.

마지막으로 이러한 기술적 도구들이 강력해질수록 오히려 더 중요한 것은 설계 윤리에 대한 감수성이다. 데이터로는 포착되지 않는 인간의 삶, 지역적 정체성 등은 AI가 감지할 수 없는 설계 요소들이다.

건축가는 데이터 기반 설계의 한계와 편향을 인식하면서, 그 안에서 인간중심의 공간 가치를 회복하고 확장하는 감성적 판단 주체로서의 책임을 지게 된다.

요컨대, AI와 협업하는 건축가에게는 기술적 소양과 윤리적 통찰, 해석적 사고와 조율 능력을 겸비한 '디자인 통합 관리자'(design integrator)로서의 역량이 요구된다.

위상 하락이 아닌 정체성 재구성

AI에게 일정 부분의 창작 영역을 내주더라도 건축가의 위상은 하락하지 않는다. AI와 협업하는 방식으로 업무 정체성 전환이 이루어질 뿐이다.

창작 영역을 내주었다는 표현도 부적절하다. 창작의 방식이 변한 것이다. AI는 건축가의 존재 이유를 위협하는 것이 아니라, 건축가의 존재 방식을 새롭게 구성하고 있다.

건축가는 AI에게 설계 영역을 내어준 것이 아니라 AI의 설계를 판단하고 통합하는 지휘자로서의 권위를 재확립하게 된다. 이것이 바로 디자인 큐레이터 역할을 하는 건축가의 새로운 위상이다.

엔지니어의 역할 변화

건설 산업 분야의 엔지니어는 구조, 설비, 전기, 소방 등의 전문 영역별 설계와 시공 기술의 적용자로 기능해 왔다. 이들은 건축가의 설계 개념을 구체적인 수치와 시스템으로 번역하고, 각자의 영역에서 건축적 아이디어의 실체화에 기여했다.

그러나 디지털 기술의 발달과 함께 엔지니어는 더 이상 단일 영역에서 계산과 실행을 담당하는 자에 머무를 수 없게 되었다. BIM, GIS 및 IoT 기술이 융합되면서, 엔지니어에게는 정보를 종합·해석하고 이를 설계 및 시공에 반영하는 역할이 요구된다.

데이터 흐름의 조율자—연동 능력의 부상

현대 건축은 수많은 데이터의 교차점에 존재한다. 에너지 시뮬레이션, 환경 분석, 재료 수명 주기, 사용자의 행동 패턴 등 다양한 데이터가 BIM 모델에 연결되며, 실시간 피드백을 요구한다. 엔지니어는 이들 데이터를 해석하고 연동시켜 의사 결정의 기반이 되는 정보 체계를 구축하는 핵심 주체가 된다.

한 건축 프로젝트에서 구조 엔지니어는 단순히 하중을 계산하는 것을 넘어서, 일조량 데이터 기반의 차양 시스템 최적화 설계, 건축물 에너지 등급 달성을 위한 단열재 및 유리 사양 최적화, 친환경 건축물 인증 기준에 적합한 재료 선정 등을 총괄해야 할 수도 있다.

알고리즘 튜너로서의 엔지니어

AI 기반 엔지니어링 설계 툴은 일정한 조건을 입력하면 수많은 설계 대안을 자동으로 생성할 수 있다. 이 과정에서 엔지니어는 알고리즘에 입력되는 변수(Parameter)의 설정자이며, 결과물의 해석자다. 엔지니어가 설정한 하중 조건, 풍압 기준, 배관 거리 최적화 변수는 설계안의 형상과 성능에 결정적인 영향을 미친다.

따라서 엔지니어는 건축가의 설계 의도와 법적 · 기술적 제약을 바탕으로 알고리즘을 '튜닝(tuning)'하는 전문가, 즉 알고리즘 튜너로 기능한다. 이는 단순한 계산을 넘어, 계산의 방향성과 기준을 설정하는 것이다.

자동화와 엔지니어의 판단

엔지니어의 역할이 알고리즘에 의해 일부 자동화될 수 있음은 사실이다. 구조 계산이나 에너지 시뮬레이션의 일부는 AI에 의해 자동 수행된다. 그러나 이 자동화는 엔지니어의 판단력을 대체하지 못한다.

AI는 수많은 변수를 계산하여 최적해(optimal solution)를 제시할 수는 있으나, 현장의 여건, 예산, 설계 의도 등 상충하는 조건 간의 균형을 잡고, 프로젝트의 목표에 부합하는 현실적인 절충을 수행하는 것은 여전히 인간 엔지니어의 몫이다. 예컨대 단열 성능 향상을 위해 벽체를 두껍게 하면 구조적 부담이 늘어나고 시공성이 떨어질 수 있으며, 친환경 재료의 채택은 비용이나 공급 안정성과 충돌할 수 있다. 이러한 판단은 알고리즘의 논리를 넘어선 경험적 판단과 맥락적 이해를 필요로 한다.

결국 AI는 '가능한 안'을 제시하고, 엔지니어는 '적절한 안'을 선택한다. 이 시대의 엔지니어에게는 계산 능력보다 복합 조건을 공학적으로 절충하는 판단 능력이 핵심 역량이 되고 있다.

융합 엔지니어로서의 정체성

과거의 엔지니어가 전문 기술의 수행자 또는 계산 기반의 문제 해결자였다면, AI 도입 후의 엔지니어는 건축가(설계자), 데이터 전문가, 행정 공무원, 건축주 사이를 연결하며 기술적 맥락을 해석하고 번역하는 중재자(mediator)가 되어야 한다.

특히 융합형 엔지니어는 기술 언어와 인간 언어를 동시에 구사하는 능력을 요구받는다. 단지 기술적 정확성을 확보하는 것이 아니라, 그 기술이 구현될 맥락—공간적, 사회적, 규범적 조건—을 해석하여 타 전문가들과 공유 가능한 언어로 전환하는 능력이 필수적이다. 건축가의 AI 기반 설계 과정에서 엔지니어는 동시적 의사 결정자로 참여해야 하기 때문이다.

이와 더불어, 융합 엔지니어는 문제 해결자에서 문제 형성자(problem framer)로 역할을 확장해야 한다. 주어진 문제를 해결하는 것에 그치지 않고, 데이터를 기반으로 문제를 새롭게 정의하거나 우선순위를 재구성함으로써 설계 및 정책 결정의 방향에 기여해야 한다. 이는 단순한 기술 활용이 아닌 기술 전략 수립 능력을 의미한다.

또한 융합 엔지니어는 지속적으로 변화하는 기술 환경에 대응하기 위해 비정형 학습 능력과 유연한 사고 구조를 갖추어야 한다. 이는 전통적 공학 교육의 경계를 넘어서는 것으로, 이제 엔지니어는 정답을 도출하는 능력보다 불확실성과 다원성을 해석하는 능력을 통해 전문성을 증명해야 한다.

결국 융합형 엔지니어는 하나의 전문 분야에 고립된 기술인이 아니라, 설계와 기술, 데이터와 인간, 프로젝트와 제도 사이를 가로지르며 복합성을 매개하고 해석하는 지식 실천자(knowledge integrator)가 되어야 한다. AI 시대의 기술 전문성은 특정 기술의 보유 여부로 측정되지 않으며, 기술과 맥락을 연결 짓는 통합적 사고력을 통해 입증될 것이다.

건설 노동의 변화

건설 산업은 전통적으로 고강도 · 고위험 · 고숙련의 인력이 중심이 되는 산업이다. 하지만 로봇 공정, 3D 프린팅, 드론 측량, 자율주행 중장비 등 디지털 건설 기술의 발전은 '노동자 없는 현장'이라는 비전을 제시한다. 이러한 자동화 기술은 단순 반복 작업, 고위험 지역, 대규모 표준화 시공에서 급속히 확산될 수 있다.

그러나 현실의 건설 노동은 여전히 현장 지식, 감각적 판단, 유연한 대처 능력을 요구하는 다층적인 노동이며, AI나 로봇은 이러한 인간 기술을 완전히 대체하지 못하고 있다.

인간 기술의 가치와 전승

자동화 기술이 반복성과 표준화를 요하는 건설 공정의 많은 부분을 대체할 수 있으나, 여전히 기계로 환원되지 않는 '인간 기술'의 영역은 건재하다. 건설 현장은 정적인 도면이나 수치만으로 완전히 통제할 수 없는 복합적이고 유동적인 작업 환경이며, 이러한 상황에서 경험을 통해 체득된 직관적 판단과 손의 감각은 여전히 결정적인 역할을 한다.

철근 배근 작업에서는 도면에 제시된 간격과 위치가

현장 상황과 완전히 일치하지 않는 경우가 많다. 협소한 공간, 전기 · 설비 배관의 설치, 거푸집의 휨 등으로 인한 간섭을 피하고 시공성을 확보하기 위한 배근 순서나 위치 조정은 숙련공의 판단에 의존하게 된다. 도심지 협소 현장에서 크레인을 조작할 때에는 인접 건물과의 거리, 바람의 세기, 작업자의 음성 신호 등 수치로 표현되기 어려운 복합적 변수들이 실시간으로 개입된다. 이때 수 센티미터 단위의 미세 조작과 위험 예측은 숙련된 오퍼레이터의 직관적 조정에 의해 가능해진다.

이처럼 수치화가 어려운 상황 판단, 즉흥적인 공정 조율, 정서적 안정성과 감각 기반의 품질 판단 등은 인간 고유의 영역이며, 이는 단순한 신체 노동이 아닌 감각과 판단이 융합된 기술적 숙련을 요한다. 이러한 인간 기술 영역은 기계가 어디까지 할 수 있고, 어디서부터는 인간의 개입이 필요한지를 구분 짓는 기준이 된다. 즉, 인간의 감각과 경험이 작동하는 지점이야말로 기술이 아직 넘어서지 못한 경계이자, 기술 발전이 향해야 할 방향을 보여주는 지표인 셈이다.

협업 노동의 탄생

건설 현장에서 인공지능과 로봇 기술을 노동자의 보조

자(co-worker)로 받아들인다면 인간과 기계의 협업을 전제로 한 새로운 노동 형태가 등장할 것이다.

파워 슈트를 착용한 작업자는 중량물을 보다 안전하고 정밀하게 취급할 수 있고, 드론이나 LiDAR 센서가 제공하는 실시간 계측 데이터를 기반으로 현장 상황에 따라 공정을 효율적으로 조정할 수 있다. 이러한 협업 구조에서는 인간이 단순히 물리적 작업만 수행하는 것이 아니라, 기계로부터 제공된 정보를 해석하고 그 결과를 판단 · 적용하는 능력이 필수적인 요소가 된다.

이와 같은 변화는 노동자의 정체성을 근본적으로 재편한다. 건설 노동자는 단순 육체노동자가 아닌, 디지털 기술을 활용하고 통제할 줄 아는 기능적 해석자, 즉 사이보그형 기능인(cyborg craftsperson)으로 다시 규정된다. 이는 기계와 몸이 결합하는 방식의 물리적 의미만이 아니라, 인간의 판단이 기계의 판단 흐름에 실시간으로 개입하는 상호작용적 능력을 전제한다.

더불어 이러한 협업 모델은 작업 조직 방식에도 변화를 요구한다. 전통적으로 수직적 명령 구조 속에서 개별 공정별로 역할이 분할되던 방식에서, 인간과 기계 간의 피드백 루프에 기반한 수평적 협력 체계로 전환될 수 있는 것이다. 노동자는 기계의 기능을 단순히 '따르는' 존재가 아니라, 공정의 조건에 따라 함께 의사 결정하고 조정하는 주체가 될 수 있는 것이다.

노동의 질과 의미의 재정의

AI 도입은 건설 노동의 '양'만이 아니라 '질'을 바꾼다. 반복적이고 위험한 작업 공정은 기계에 의해 대체되거나 경감되고, 인간은 상대적으로 창의성과 협업 역량이 요구되는 영역에 집중하게 된다. 이는 단순한 물리적 역할 분담이 아니라, 노동이 수행하는 기능과 가치의 재배치라 할 수 있다.

미래 건설 현장의 노동은 '기계가 대신할 수 없기에 남겨진 것'이 아니다. 인간의 노동은 기계와 경쟁하거나 기계에 대체되는 것이 아니라, 기계의 계산 능력과 실행 능력을 의미 있게 연결하고 맥락화하는 고차원적 행위로 재정의되어야 한다.

인간 기술은 기술 혁신의 주변부에 위치한 보완재가 아니라, AI와 공진화(co-evolution)하며 상호 발전을 유도하는 중심 요소가 될 수 있다. 인간의 숙련과 기계의 능력이 상호작용 속에서 결합할 때, 건설 노동은 새로운 차원의 전문성과 창의성을 획득하게 된다. 이러한 전환은 노동의 본질을 다시 묻는 동시에, 기술 중심의 산업 구조 속에서 인간의 노동 가치 회복이 어떻게 가능한지를 보여 준다.

AI의 도입으로 건설 산업의 노동자는 현장에서 배제되는 것이 아니라, 오히려 '현장 작업자'에서 '현장 해석자'로 승격되는 기회를 맞이할 수 있다.

참고문헌

김우영(2022). "건설 산업의 디지털 전환 동향과 대응 방안". 한국건설산업연구원.

Bock, T. & Linner, T.(2015). *Robot-Oriented Design: Design and Management Tools for the Deployment of Automation and Robotics in Construction.* Cambridge University Press.

del Campo, M.(2024). *Artificial Intelligence in Architecture.* Wiley.

Webster, C. & Ivanov, S. H.(2019). Robotics, Artificial Intelligence, and the Evolving Nature of Work. In George, B. & Paul, J.(eds.). *Digital Transformation in Business and Society: Theory and Cases.* Palgrave Macmillan.

03

AI가 바꾸는 건설 개발 기획

디벨로퍼에게 AI는 단순한 분석 도구를 넘어, 입지 선정, 법규 검토, 사업성 평가, 자산 운용 전략 전반에 걸쳐 기획의 속도와 정밀도를 혁신하는 수단이 된다. AI의 활용으로 디벨로퍼는 기술의 소비자에서 전략적 활용자로 전환된다.

인공지능과 편향?

디벨로퍼: 기술의 소비자에서 전략적 활용자로

디벨로퍼는 오랫동안 설계와 시공의 발주자이자 조율자였다. 디벨로퍼에게 기술은 외부 전문가의 몫이었고, 기술 활용은 서비스 구매의 형태로 존재해 왔다. 그러나 AI의 도입으로 디벨로퍼는 이제 기술을 단순히 수동적으로 채택하는 소비자가 아니라, 기술을 선택하고 구성하며, 이를 통해 사업 구조를 재설계하는 기획자로 변화하고 있다. 디벨로퍼에게 기술은 기능적 도구에서 전략 자산으로 전환되고 있다.

기술의 설계 대상화: SaaS, API, 데이터 연동 전략

오늘날 디벨로퍼가 마주한 기술 환경은 SaaS(Software as a Service) 기반의 설계 솔루션, 시뮬레이션 도구, 공정 관리 및 분양 시스템 등으로 다층화되어 있다. 그러나 핵심은 기술을 '선택'하는 것이 아니라, 어떤 기술을 어떻게 조합하여 자신만의 전략에 맞게 구성할 것인가다.

AI 기반 설계 도구는 단독으로는 제한된 기능만 수행하지만, 이를 부동산 시세 예측 모델, 공정 시뮬레이터, ESG 데이터 플랫폼과 연동하면 프로젝트의 기획부터 운영까지를 통합적으로 설계할 수 있게 된다. 일부 선진 디벨로퍼는 Open API(Application Programming Interface) 연동 전략을 수립하거나, 특정 데이터를 기준으로 플랫폼 간 연계를 설계하는 등 기술 그 자체를 통제 가능한 설계 대상으로 다루고 있다.

기술 내재화와 전략적 파트너십

AI를 핵심 자산으로 인식하는 디벨로퍼는 점차 기술 내재화 전략을 시도하고 있다. 단순 라이선스 구매를 넘어서, 사내 데이터 분석팀을 운영하거나, 외부 AI 기업과 전략적 제휴를 맺어 자체 알고리즘 커스터마이징 및 운영 프로세스 최적화를 추진하는 것이다.

예컨대, 대형 개발사는 자사에 축적된 분양률, 입지 반응도, 유지 관리 비용 데이터를 자체 분석하여 고객 행동 예측 모델을 구축하고, 이를 설계 및 마케팅에 실시간 반영한다. 이는 디벨로퍼가 데이터와 기술의 통제권을 확보하는 방식이며, 기술 기업에 대한 종속이 아니라 디지털 주권(digital autonomy)을 지향하는 전략으로 이해될 수 있다.

플랫폼 설계자로서의 디벨로퍼

이러한 전환은 디벨로퍼의 정체성을 재정의한다. 과거 디벨로퍼가 부지 확보, 설계 발주, 시공 관리, 자산 매각에 이르는 선형적 업무 프로세스를 중심으로 활동했다면, 이제는 다양한 기술과 데이터 흐름을 설계하고 통제하는 플랫폼 중심 구조로 이동하고 있다.

디벨로퍼는 단지 건축물이라는 결과물을 생산하는 개발자가 아니라, 기술과 데이터가 결합된 운영 구조를 설계하고, 이를 통해 자산의 지속 가능한 수익 모델을 구축하는 플랫폼 오케스트레이터(orchestrator)로 진화하고 있다.

대지 정보 및 사업 규모 분석

디벨로퍼의 기획은 언제나 대지를 어떻게 해석하느냐에서 시작된다. 이때의 해석은 단순한 물리적 면적 측정이나 행정적 용도 확인에 머무르지 않는다. 대지의 입지적 특성, 인근 환경, 미래 수요, 제약 조건 등을 종합적으로 고려하여 사업의 전략과 수익 모델을 설계하는 복합적 판단이 수반된다. AI는 이 판단의 전제 조건을 구조화하며, 디벨로퍼가 보다 정밀하고 신속한 기획 결정을 내릴 수 있도록 지원한다.

이제 건설 개발 기획의 출발점은 '어디에, 무엇을 지을 것인가'라는 감각적 판단이 아니라, 대지의 정보와 시장 데이터를 어떻게 구조화하여 사업의 가능성을 수치로 증명할 것인가에 달려 있다.

다차원 데이터를 통합하는 AI 분석 환경

AI가 가져온 가장 큰 변화는 분산된 정보를 통합하여 해석 가능한 데이터 구조로 바꾸는 능력에 있다. 과거 디벨로퍼는 인구 통계, 상권 분석, 교통 접근성, 공시지가, 거래가 등 수많은 정보를 각기 다른 경로를 통해 수작업으로 수집해야 했고, 이질적인 지표 간 상호 해석은 전문가의 경험에 크게 의존했다.

하지만 오늘날에는 공공 데이터 포털(예: 국토교통부, 통계청)과 민간 플랫폼(예: 직방 빅데이터랩, 리치고, 밸류맵 등)을 통해 수집된 다양한 데이터가 AI 분석 시스템에 자동 연동된다. 이 과정에서 AI는 지리정보(GIS), 부동산 시세, 인구 유입 · 유출, 학교 · 병원 · 상권 밀도, 교통망 변화 예측 등을 결합하여 특정 대지의 상대적 경쟁력과 리스크 요소를 도출한다. 이러한 데이터 기반 분석은 입지 해석을 정성적 직관에서 정량적 근거 기반 판단으로 변화시킨다.

사업 규모 및 수익 구조 시뮬레이션

입지 해석과 병행하여, AI는 해당 대지에서 가능한 사업

규모의 최대치와 경제성을 자동 추산한다. 이는 건폐율·용적률 같은 기본 지표는 물론, 고도제한, 도로 접면 조건, 경사도, 문화재 영향권 등 복합 규제 조건을 동시에 반영하는 알고리즘 기반의 시뮬레이션이다. 일부 플랫폼은 3D 기반의 '용도 최적화 제안', '유닛 구성별 수익성 예측', '복합 용도 개발안 비교 분석' 등을 제공하기도 한다.

더 나아가 AI는 과거 유사 입지의 개발 사례와 수익 결과를 학습하여, 특정 규모나 구성에 따른 수익률(ROR), 회수 기간(Payback), 임대 지속성 등 핵심 재무 지표를 시나리오별로 예측할 수 있다. 디벨로퍼는 이를 바탕으로 단일 안이 아닌 복수의 대안 중 최적해를 선택하는 방식으로 사업 구조를 설계할 수 있다.

기획자 사고의 구조적 전환

AI 기반의 분석은 단순히 의사 결정의 효율을 높이는 수준을 넘어서, 기획자의 사고 구조 자체를 변화시키는 역할을 한다. 기획자는 더 이상 제한된 정보 안에서 직관적 결정을 내리는 존재가 아니라, 수치화된 근거를 바탕으로 복합 조건을 조율하고, 리스크를 계량화하여 관리하는 전략가가 된다.

공공주택 기획 시, 과거에는 "학교가 인접해 유리하다"는 막연한 판단이 있었다면, 오늘날에는 해당 학군의 유입률, 출생률 추이, 경쟁 아파트의 입주율까지 반영한 정량 기반 평가가 가능하다. 이는 투자자와 협력자에게도 설득력 있는 기획 설명의 도구가 되며, 디벨로퍼의 권한과 책임을 동시에 확장시킨다.

실시간 연동되는 다원 데이터 구조

AI 기반의 입지 분석은 단순히 정보를 많이 확보하는 데에 그치는 것이 아니다. 핵심은 다양한 출처의 데이터를 실시간으로 연동하고, 이를 비교 가능한 구조로 재구성하는 데이터 통합 능력에 있다. 이 과정에서 과거의 경험 기반 추정은 실시간 수치 기반의 분석 체계로 대체되며, 디벨로퍼는 보다 근거 있는 방식으로 입지의 가능성과 리스크를 평가할 수 있게 된다.

인구·교통 데이터: 수요 기반 예측의 핵심 축

AI는 인구 통계 및 교통망 데이터를 실시간으로 수집 · 분석하여, 해당 대지가 위치한 지역의 거주 잠재력과 생활권 접근성을 정량적으로 판단한다. 연령별 인구 구성이나 출산율 변화, 유입/유출 인구 패턴은 향후 해당 지역의 주거 수요를 예측하는 데 중요한 기초 자료가 된다. 특히 초등학교 취학 예정 인구 추이와 신규 입주 단지 증가율을 결합하면 학군 기반 수요 예측이 가능하다.

또한 도보 5분 이내 지하철역 접근성, 버스 정류장 밀도, 주요 간선도로와의 연결성은 교통 편의성을 가늠하는 핵심 지표이며, 이는 분양가 형성, 공실률 예측, 상업 시설 유입 등에 직접적인 영향을 준다. AI는 이러한 변수를 통합 분석하여 입지의 생활 접근성 점수화 또는 생활권별 유사도 군집화 등의 방식으로 해석 가능하게 만든다.

생활 인프라 및 상권 변화: 정성적 조건의 정량화

과거에는 '편의시설이 많다'거나 '상권이 활발하다'는 식의 정성적 평가가 주를 이루었지만, AI는 이를 수치로 전환한다. 학교, 병원, 공원, 마트, 문화 시설 등의 위치와 밀도는 GIS 기반으로 자동 추출되며, 각 시설까지의 도보/차량 이동 시간도 거리 기반으로 평가된다. 여기에 이용 빈도, 영업 시간, 온라인 리뷰 등 비정형 데이터까지 포함해 서비스의 질까지 판단하는 모델도 등장하고 있다.

상권 분석에서는 유동 인구 분석, 상가 공실률, 브랜드 매장의 유입 추이, 카드 매출 등 복합 지표가 실시간으로 반영된다. 특히, 특정 브랜드(예: 스타벅스, 이마트

24 등)의 입점은 상권의 성장 단계나 유동 인구의 소비 성향을 암시하는 지표 변수(index variable)로 간주되기도 한다. AI는 이를 기반으로 상권의 성숙도, 안정성, 성장 가능성 등을 등급화하여 투자 적합성을 판단할 수 있게 한다.

부동산 시장 데이터: 가격 형성 메커니즘 가시화

마지막으로, 인근 부동산 시세 및 거래 정보는 AI 분석의 핵심적 요소다. 종래 부동산 가치는 공시지가나 인근 지역의 평균 거래가 또는 직전 거래가를 중심으로 판단했지만, AI는 실거래가 시계열 분석, 분양가 대비 계약률, 공급량 대비 흡수율, 유사 입지 간 가격 탄력성 등 복합적인 시세 흐름을 실시간으로 추적할 수 있다.

동일 생활권 내에서의 단지별 평당가 변화, 분양 전후 전세가 변화율, 공급 초과 지표 등의 데이터는 시장 과열 또는 침체의 조기 징후를 포착하는 데 활용된다. AI는 이러한 데이터를 시각화하고 시뮬레이션을 통해 향후 6개월~2년간의 가격 변동 가능성 시나리오까지 제시함으로써, 디벨로퍼가 시장 수용성과 분양 전략을 정교하게 설계할 수 있도록 지원할 수 있다.

건설 관계 법령 적용 자동화

건축 법규는 건설 개발 사업의 제약 조건이 아니라, 사업의 구조와 가능성을 결정짓는 핵심 프레임이다. 그러나 건설 관계 법령은 방대하고 다층적이며, 중앙 법령과 지방 조례 간의 해석 불일치나 적용 관행의 차이는 기획 초기 단계에서의 병목 요인으로 작용해 왔다. 따라서 AI 기반의 법령 해석 기술은 디벨로퍼의 사업 기획에 새로운 가능성을 열어주고 있다.

자연어 처리 기반의 법규 추출 및 정량화

AI가 법규를 해석하는 핵심 기술은 자연어 처리(NLP, Natural Language Processing)다. 건축 법령은 대부분 서술적 문장으로 구성되어 있으며, 사람의 해석을 전제로 한다. 그러나 최근의 AI는 비정형 텍스트인 법령 조문을 구조화된 정보로 전환하여, 대지 조건에 맞는 조항을 자동 추출하고, 이를 수치로 환산하는 기능을 수행한다.

예를 들어, 입력된 대지의 용도 지역, 면적, 도로 접면 조건 등을 기반으로 건폐율, 용적률, 건축 높이, 이격 거리 등의 지표를 산출하고, 이는 곧바로 설계 제한 조건으로 연계된다. 이 과정은 기존의 수작업 검색 및 계산 방식에 비해 속도와 정확성 모두에서 비약적인 향상을 가능하게 하며, 법률가나 행정 공무원과의 사전 협의 없이도 기초 검토 수준의 개발 가능 여부 판단이 가능하다.

유연한 해석과 예외 판단 기능의 진화

AI 법규 시스템은 단순한 정규 조건만 적용하는 데 그치지 않는다. 최근에는 통계적 학습과 유사 사례 기반의 예외 판단 기능까지 포함되는 방향으로 진화하고 있다. 복합 용도의 건축물에서 용도별 적용 규정이 충돌할 경우, AI는 과거 유사한 프로젝트의 인허가 사례를 학습하여 선례 기반의 해석 권고안을 제시할 수 있다.

또한 도로 조건이 불리한 대지에 대해 도시계획위원회 심의가 적용되었던 사례, 조례 개정으로 완화된 이격거리 기준 등 조례 변경 이력이나 사례별 협의 결과까지 데이터로 누적된다면, AI는 이를 바탕으로 '적용 가능한지 여부'뿐 아니라 '협의 가능성'까지 판단하는 예측 도구가 될 수 있다. 이는 법 해석의 영역을 정적 규칙에서 동적 협의 가능성의 영역으로 확장시키는 전환이다.

디벨로퍼의 전략적 기획 수단으로서의 법규

이러한 자동화는 단순히 설계 검토의 효율을 높이는 데 그치지 않는다. 핵심은 디벨로퍼의 기획 구조 안에서 법규를 수동적 제한 요소가 아닌, 전략적 설계 변수로 전환할 수 있게 한다는 점이다. 법적 리스크를 사전에 예측하고, 가능 영역의 경계를 수치화할 수 있다면, 디벨로퍼는 법령을 수용하는 데 그치지 않고, 법적 경계 내에서 최적의 개발 구조를 설계하는 능동적 주체가 된다.

예를 들어, 높이 제한을 회피하기 위한 경사 대지 활용, 일부 용도지역의 혼합 적용, 도로 접면 확보를 위한 지분 정리 등은 모두 법규 해석과 기획 전략이 결합된 판단 구조를 요구한다. AI는 이 판단을 빠르고 정밀하게 보조하며, 디벨로퍼가 건축가와 엔지니어에 앞선 기획 설계자로서 기능하도록 돕는다.

참고문헌

Ali, S. & König, M.(2025). Automating Building Code Interpretation using NLP and Transfer Learning for Enhanced Code Compliance. *EG-ICE 2025*.

Avula, A. K. R.(2024). AI-Powered Location Intelligence: Revolutionizing Site Selection and Investment Decisions. *International Journal of Scientific Research in Computer Science Engineering and Information Technology, 10*(6), pp.1735~1742.

Song, J. et al.(2018). NLP and Deep Learning-based Analysis of Building Regulations to support Automated Rule Checking System. *35th ISARC*.

04
설계 창작의 개념 전환과 건축 저작권

AI가 기술적 솔루션을 자율적으로 도출하는 현실에서, 기존의 발명자 정의를 고수함에 따라 법적 공백을 초래할 수 있다. 이 문제는 발명자 개념의 재정립과 새로운 제도 도입 가능성을 열어두고 검토해야 한다.

청각장애인과 AI?

건축 설계의 창작 개념 변화

건축가는 건축주가 제공한 요구와 대지의 조건 속에서 기능과 미적 요소를 종합하여 공간과 요소의 배치와 조합을 결정한다. 「저작권법」에서 건축 저작물을 보호하는 이유도 건축가가 건축 요소를 선택·배열하는 과정에서 발생하는 편집적 창작과 미적 창작 때문이다.

그러나 AI가 등장하면서 최종 건축 설계 도출 과정은 여러 유형으로 분화되었다. 일부 설계는 알고리즘 기반의 파라메트릭 방식으로 자동 생성되고, 일부는 생성형 AI가 제시한 다양한 설계안 중에서 인간 설계자가 선택·조정하는 방식으로 이루어진다. 이 과정에서 설계자는 전통적 창작자가 아니라, 데이터 해석자·조건 조정자·결정자 등 새로운 역할을 수행하게 되며, 설계의 창작 개념 역시 단일 행위에서 다단계 협업과 선택 기반 창작으로 전환되고 있다.

파라메트릭 디자인

생성형 AI를 이용한 파라메트릭 디자인은 설계 프로세스 자체를 변화시키고 있다. 파라메트릭 디자인은 설계 요소를 파라미터로 정의하고, 이들 사이의 관계를 알고리즘으로 구현하여 설계 모델을 자동으로 생성·수정하는 방식이다. 설계자가 재료나 공간 구조 같은 변수를 조정하면 전체 형상이 즉각적으로 업데이트되어 복잡한 형태가 효율적으로 탐색된다.

다만 설계 모델의 자동 생성은 가능성의 나열일 뿐, 건축적 의사 결정을 대신하지 않는다. 건축가가 AI가 생성한 설계안 적합성을 평가하고 파라미터와 알고리즘을 조정하는 과정을 거쳐 설계안을 완성한다.

큐레이터형 설계자의 등장

대량의 설계안을 자동 생성하는 생성형 AI의 발전으로 큐레이터형 설계자가 등장하고 있다. 큐레이터형 설계자는 AI가 제시한 수많은 시안을 검토·선별하여 가장 적합한 구성을 조합하는 역할을 수행한다.

이러한 설계 방식은 프롬프트 입력에 따라 생성된 다수의 설계안 중에서 인간 설계자가 선택·조정·편집하여 완성하는 방식이다. 이렇게 완성된 건축 설계는 소재의 선택, 배열 및 조합에 창작성이 드러나는 편집 저작물과 유사한 성격을 지닌다.

협업과 집단 창작

AI의 도입 이전에도 일정 규모 이상의 건축 설계 프로젝트에서는 구조, 설비, 전기, 소방 등의 분야에서 전문 엔지니어와의 협업이 필수적이었다. 건축가는 개념 설계와 공간 구성의 중심을 담당했고, 기술 엔지니어들은 이를 구조적 안정성, 기계적 기능, 에너지 효율, 시공 가능성 등의 측면에서 구체화하는 역할을 수행해 왔다. 이러한 협업은 기능 중심의 분업이자, 설계 도면이라는 중심 자료를 공유하는 수직적 구조로 조직되었다.

그러나 AI의 도입 이후, 이 협업 구조는 단순한 분업을 넘어서 설계 개념 자체를 다학제적으로 구성하는 집단 창작의 구조로 전환되고 있다. AI는 설계의 전 과정에 실시간 분석과 제안을 가능케 하며, 설계 초기부터 구조, 환경, 기계, 데이터 전문가가 함께 참여하는 병렬적 프로세스를 만든다. 예를 들어 파라메트릭 디자인 환경에서는 구조 엔지니어가 하중 조건을 설정함으로써 공간 형태 생성에 실질적으로 개입하게 되며, 이는 결과물 해석이 아닌 창작 조건 설정의 단계에서부터 공동 창작이 이루어진다는 것을 의미한다.

또한 BIM, 시뮬레이션, 디지털 트윈 등 협업 도구의 진화는 설계 자료를 '전달'하는 방식에서 실시간 동기화된 데이터 공유와 공동 편집 방식으로 변화시켰다. 설계자는 더 이상 주도자만이 아니라, 여러 이해관계자의 피드백을 조율하는 통합자로서 기능하며, 설계 결정권은 수직적 위계가 아니라 수평적 협의로 분산된다.

무엇보다 중요한 변화는 프롬프트 엔지니어, 알고리즘 모델러, 데이터 분석가, 환경 시뮬레이션 전문가 등이 설계 개념의 형성 과정에 실질적으로 개입하기 시작했다는 점이다. 사용자 행태 데이터를 분석한 결과가 공간 프로그램의 출발점이 되고, 알고리즘의 파라미터 설정이 설계 형상을 자동 생성하는 경우, 이들은 단순한 기술 지원 인력이 아니라 창작 결과물에 대한 지분권자가 될 수 있다.

이러한 과정 속에서 설계 의사 결정 역시 개인의 감각이나 직관에 의존하는 것이 아니라, 다수의 설계안 중에서 최적안을 선택하고 조율하는 집단적 판단 구조로 재편되고 있다. 데이터 분석 결과, 시뮬레이션 수치, 윤리 검토, 공공성 평가 등이 함께 고려되며, 그 결과물은 더 이상 한 명의 건축가에 의해 완성된 창작물이 아니다.

결과적으로 AI 시대의 설계 창작은 단일 저작자 중심의 모델에서 다수 전문가의 지식과 판단이 교차하는 복합적 창작 행위로 진화하고 있으며, 이는 향후 건축 설계의 저작자성 판단, 저작권 귀속, 창작성 기준 등 법적·제도적 해석 틀 전반을 새롭게 구성할 것을 요구한다.

AI 시대의 4가지 창작 유형에 대한 법적 검토

AI가 무엇인가를 생성했을 때 그 뒤에는 프롬프트를 정교하게 입력한 자, 학습을 위한 데이터세트를 제공한 자, 알고리즘을 설계한 자, 플랫폼을 통해 서비스를 운용하는 자까지 수많은 기술적 개입이 중첩된다. AI는 창작적 표현을 위한 도구일 수도 있고, 창작적 표현을 한 주체일 수도 있다. AI가 창작적 표현의 주체인 경우에도 그러한 창작성이 발현되도록 한 근원(이유)도 다르게 구분될 수 있다.

따라서 AI 생성물에 대한 권리 · 책임은 AI 창작 구조를 유형화시키는 것에서부터 출발해야 한다. 창작 구조에 따라 AI 생성물에 대한 권리 귀속과 침해 발생 시 어떤 주체에게 책임이 분산되는지는 인간 중심 창작, AI 협업형 창작, AI 주도형 창작 및 데이터 기반 창작의 4가지 모델로 구조화할 수 있다. 이 4가지 모델은 건축 설계 뿐 아니라 모든 유형의 창작물에 동일하게 대입된다.

인간 중심 창작

AI가 단지 보조 도구로 활용되고, 창작의 핵심적 판단과 표현은 모두 인간이 수행하는 경우다. 예컨대, ChatGPT가 작성한 대본 초안을 받은 후, 작가가 전체 서사와 대사를 독자적으로 재작성하거나, DALL · E의 시안을 활용하되 최종 그림은 인간이 완성한 경우가 이에 해당한다.

이 경우 창작물의 실질적 표현은 인간에 의해 이루어졌으므로, 기존 저작권법에 따라 온전한 보호가 가능하며, 저작권과 저작권 침해 책임 모두 창작자인 인간에게 명확하게 귀속된다.

AI 협업형 창작

AI가 초안 또는 중간 산출물을 생성하고, 인간이 이를 선택, 수정, 인페인팅(inpainting), 후처리 등의 방식으로 편집하여 창작물로 완성하는 구조다. 예를 들어 Midjourney로 생성한 이미지의 구도와 색채를 사용자가 편집하고, 일부 영역을 수정하거나 텍스트 요소를 삽입하는 경우 등이 이에 해당한다.

이러한 창작물의 완성에는 인간이 실질적으로 기여하지만, 주로 편집적 기여를 한다. 따라서 이러한 창작물은 편집 저작물과 유사하게 소재의 선택, 배열, 조합 등에 창작성이 인정될 때 저작물로 인정될 수 있다.

이 경우 저작권은 사용자에게 귀속되지만, 상업적 이용에 대해 플랫폼(인공지능)의 기여도에 따라 플랫폼 운용 주체에게도 일정한 권리를 인정하는 계약(이용한 AI

모델 명시, 생성물의 유통, 판매로 인한 수익 분배 등)은 유효하게 체결할 수 있다. 생성물이 타인의 저작권을 침해하는 경우 사용자에게 1차적 책임이 있으며, 알고리즘 설계에 따른 반복적 침해 가능성이 입증되는 경우 플랫폼 운용 주체에게도 기여 책임 또는 방조 책임이 문제될 수 있다. AI 윤리 강화를 위해, 입법에 의해 플랫폼 운용 주체에게는 기술 통제 책임(통제 · 필터 설계 여부에 따른 책임)을 부과할 수 있을 것이다.

플랫폼 운용 주체에게 기술 통제 책임을 부여할 때에는 일정한 권리(상업적 이용에 대한 AI 모델 명시권, 수익 분배 청구권 등)를 함께 인정하는 방안을 검토할 수 있다.

AI 주도형 창작

AI가 사용자의 간단한 지시만을 바탕으로 자율적으로 창작 결과물을 생성하고, 인간은 결과물을 거의 수정하지 않거나 단순히 저장 · 공유하는 경우다. 예컨대, 사용자가 "미래 도시의 풍경"이라는 프롬프트만 입력하여 생성된 이미지를 아무런 편집 없이 상업적으로 사용하는 경우가 이에 해당한다.

이 경우 인간의 창작성 개입이 실질적으로 존재하지

않으므로, 저작물성 요건을 충족하지 못해 보호가 불가하다. 다만, AI 생성물 등록제(등록 번호 부여, 생성 프롬프트, 생성 일시, AI 모델 버전 명시 등)를 통한 sui generis적 보호 체계(새로운 유형의 객체에 대해 독자적으로 마련된 보호 제도) 도입이 검토될 수 있다. AI 주도형 창작 생성물에 대한 플랫폼 운용 주체의 권리와 의무는 전술한 AI 협업형 창작의 경우와 동등하게 설명할 수 있다. 다만, AI 생성물에 의해 제3자의 저작권 침해가 문제되는 경우, 그 생성(복제)에 대한 1차적 책임은 플랫폼 운용 주체측에, 그 이용(배포, 전송 등)에 대한 1차적 책임은 사용자측에 귀속될 것이다. 또한 관련 입법 시 등록된 AI 생성물에 대해서는 플랫폼 운용 주체에게 필터링 및 중복 생성 방지 의무를 추가 부여하는 방안을 검토할 수 있다.

데이터 기반 창작

AI가 훈련에 사용한 대규모 저작물(뉴스, 그림, 사진 등)의 내용과 형식을 기반으로 결과물을 생성하는 유형이다. 스테이블 디퓨전(Stable Diffusion)이 고흐, 렘브란트 등의 작품을 학습하고 유사한 화풍의 이미지를 생성하거나, ChatGPT가 입력된 사진을 지브리 스타일로 변형시켜 주는 사례가 이에 해당한다.

이 경우 인간의 창작적 개입이 존재하지 않아 저작물성이 없다는 점에서는 AI 주도형 창작과 동일하다. 그러나 이러한 생성물에 대해서는 sui generis적 보호 체계를 도입하는 것이 부적절하다.

이 유형은 AI 생성물이 저작권으로 보호될 수 없는 아이디어에 해당하는 '화풍'이나 '문체'를 모방한 것이므로 저작권 보호보다는 데이터 제공자의 권리 인정 및 보상 구조가 핵심 쟁점이 된다. AI Levy 제도, 확대집중관리제도(ECL), TDM(Text and Data Mining) 면책, Opt-out 조건 적용 등을 종합적으로 검토하여 공공재적 데이터에 대한 공정 이용과 공정 보상이 병행된 법적 시스템이 논의 중이다.

- **AI Levy 제도**: 보상금 기반의 권리 보전 제도.
- **ECL 제도**: 공인된 저작권 집단 관리 단체가 비 소속 권리자의 저작물까지 포괄하여 이용 허락을 대행할 수 있도록 허용하는 제도.
- **TDM 면책**: 텍스트 및 데이터 마이닝을 위해 저작물을 이용하는 경우, 일정 조건 하에 저작권자의 허락 없이도 해당 저작물을 합법적으로 사용할 수 있도록 허용하는 예외 조항.

- **Opt-out 조건**: 특정 규정이 원칙적으로 자동 적용되지만, 당사자가 원하지 않을 경우 명시적으로 거부할 수 있는 선택권.

건축 저작물에 관한 새로운 논의

AI의 이용으로 건축 설계의 창작 방식이 변화함에 따라 건축 저작물의 개념과 법적 보호 방식도 재논의되어야 한다. 전통적으로 건축 저작물은 건축가의 창작성이 드러나는 공간 구성, 형태, 미적 요소의 표현을 중심으로 보호되었다. 그러나 이제 건축 설계는 알고리즘, 데이터 분석, 다학제 협업, 사용자 참여 등 다층적 요소가 혼합된 복합 창작의 결과로 재구성되고 있으며, 이에 따라 기존 저작권 체계가 포착하지 못하는 새로운 쟁점들이 부상하고 있다.

창작 주체의 분산과 저작권 귀속 문제

AI 기반 설계에서는 프롬프트를 입력한 자, 설계를 추천하는 알고리즘 모델러, 하중 · 조명 · 환경 시뮬레이션을 제공한 기술자, 공간 구성 제안을 한 데이터 분석가 등 창작 결과에 실질적으로 기여한 다양한 주체들이 존재한다.

이러한 상황은 다음과 같은 새로운 질문을 낳는다. 건축 저작물의 창작성을 판단할 때, 인간 설계자의 기여는 어떤 기준으로 평가할 것인가? AI의 알고리즘 또는 플랫폼 제공자에게 일정한 권리를 인정할 수 있는가? 다수 협업자 중 누가 저작권을 갖고, 누가 단지 기술적 보조자로 분류되는가?

편집 저작물 관점의 건축 저작물 보호

인간의 사상 또는 감정을 창작적으로 표현한 것을 저작물이라 한다. 「저작권법」은 "창작적 표현"을 보호하는 법으로서 "아이디어"는 보호하지 않는다. 「저작권법」에서 말하는 창작성은 표현의 창작성이다. 다만 아이디어와 표현의 경계선을 명확히 구분하기 어려우므로 저작물의 유형에 따라 창작성 판단 방법에 관한 판례가 축적되고 있다.

건축 저작물은 시각적으로 미감을 나타내므로 미술 저작물과 유사하지만 실용성이 있는 "기능적 저작물"의 일종으로 분류되며, 기능성을 나타내는 요소들은 일반적으로 창작성 판단에서 배제된다.

그러나 건축 저작의 예술성은 시각적 미감에서만 찾을 수 있는 것이 아니라 공간적, 체험적 미감에서도 찾을 수 있다. 따라서 기능적 건축 요소들은 창작성 판단에서 무조건 배제되어야 할 것이 아니라 선택, 배열, 조합에 의한 '편집적 창작'의 관점에서 검토되어야 하며, 최근의 국내 판결들도 각 건축 요소들의 "어우러짐"에서 창작성을 인정하고 있다.

더욱이 AI 기반 설계에서 인간 설계자의 역할이 설계안을 직접 그리는 것이 아니라, 수많은 AI 제안 중에서 선택 · 조정 · 편집하는 방식으로 전환됨에 따라, 설계자의 창작 행위는 선택과 배열의 창작성에 집중된다. 이러한 창작 방식은 「저작권법」상 편집 저작물(소재의 선택 · 배열 · 조합에 창작성이 있는 저작물)과 동일하다.

이에 건축 저작물을 바라보는 관점을 미술 저작물에서 편집 저작물로 이동시키고, 건축 저작물의 창작성 기준을 "시각적 미감"에서 건축 요소들의 "선택 · 배열 · 조합"으로 전환시켜야 할 당위성이 커지고 있다.

저작권 보호를 위한 검토

건축 설계는 BIM, 시뮬레이션, 디지털 트윈 등의 도구를 통해 더 이상 2D 도면 중심의 정적인 표현이 아닌, 실시간 시뮬레이션 가능한 다차원 데이터 구조로 전환되고 있다.

이에 따라, 단순한 외형이나 평면도 외에 비 시각적 요소 설계(일조 설계, 음향 설계 등)도 그 기능성으로 인해 보호를 제한할 것이 아니라, 감상 대상으로서 표현의 일부로 간주되어야 한다.

또한 디지털 환경에서는 설계안 자체가 아니라 디지털 형상 파일(.rvt, .gh, .dxf 등)이나 파라미터 값의 조합이 창작의 본질을 담고 있을 수 있다. 다만 이들 자체는 선택되어 배열되기 전의 형상은 창작의 소재일 뿐이고, 알고리즘, 파라미터, 조건식 등은 "건축적 표현"이 아니라 "표현에 내재하는 개념"에 해당한다. 따라서 이들의 보호를 위해서는 건축 저작물이 아닌 컴퓨터 프로그램 저작물, 데이터베이스 등에 대한 보호 방식을 병행 검토해야 한다.

또한 통상적으로 아이디어로 간주되는 알고리즘이나 수치, 창작적 표현으로 보기 어려운 파라미터 등은 「저작권법」 외에 「특허법」, 「부정경쟁방지 및 영업비밀보호에 관한 법률」, 계약(비밀유지 계약, NDA) 등을 통한 보호가 이루어질 수 있다.

참고문헌

조성광(2024). "건축설계물의 특성에 따른 지식재산 법제 해석과 운용에 관한 연구". 중앙대학교 법학전문대학원 박사학위논문.
Zamora, F.(n.d.). Architecture 101: What is Parametric Architecture?. Architizer. https://architizer.com/blog/practice/details/architecture-101-what-is-parametric-architecture

05
건설 재료와 AI

건축에서 재료는 단순한 요소가 아닌, 공간의 구조와 감각을 형성하는 핵심이다. 과거에는 장인의 경험과 관행에 의존했지만, 오늘날에는 데이터 기반의 예측과 최적화를 통해 과학적이고 자동화된 방식으로 접근된다. AI는 재료의 생산부터 선택, 성능 평가, 신재료 탐색에 이르기까지 전방위적으로 활용된다.

AI 콘텐츠 크리에이터?

건설 재료 생산과 AI

건설 재료의 생산 공정은 일반적으로 복합적이며 다단계적인 절차로 구성된다.

시멘트를 예로 들면, 원재료의 전처리, 계량 및 혼합, 고온 소성, 그리고 석고 및 기타 혼합재를 첨가한 후의 미분쇄 과정을 거쳐 최종 제품이 완성된다. 이러한 과정은 온도, 습도, 화학 조성, 입자 분포 등 수많은 물리적·화학적 변수에 의해 영향을 받으며, 특히 시멘트와 같은 복합 재료는 원료의 조합 비율뿐 아니라 산지, 화학 성분, 소성 조건, 혼합재 종류와 첨가량 등에 따라 최종 품질이 크게 달라진다.

레미콘(Ready-Mixed Concrete)은 시멘트를 기반으로 하는 대표적인 복합 재료 응용 사례로, 현장에서 직접 시공되는 재료이기 때문에 품질 관리의 중요성이 더욱 크다. 일반적으로 레미콘은 시멘트, 물, 굵은 골재와 잔골재, 그리고 혼화제를 일정 비율로 배합하여 믹서 트럭에서 혼합한 뒤 현장까지 운반된다. 이 과정에서 배합비의 정확성, 혼합 시간, 물-결합재비, 그리고 각 재료의 온도 및 습도는 압축 강도, 슬럼프, 응결 시간 등 핵심 품질 지표에 직접적인 영향을 미친다. 특히 여름철 고온 환경이나 겨울철 저온 조건, 장거리 운송으로 인한 응결 지연

등은 품질 편차의 주요 원인이 되어 왔다.

이처럼 시멘트 및 콘크리트 생산 전반에 걸쳐 다양한 변수가 복잡하게 얽혀 있기 때문에, 품질의 일관성을 확보하고 생산성을 극대화하는 데에는 구조적인 어려움이 존재한다. 전통적으로는 경험과 규격 기반의 운영 방식이 주류를 이루었지만, 이로는 점점 더 정밀한 품질 제어와 환경 대응이 요구되는 현대 건설 산업의 요구를 충족시키기 어렵다. 이에 따라 최근에는 인공지능(AI)을 활용한 생산 공정의 고도화가 활발히 이루어지고 있으며, AI는 재료별 특성과 공정별 조건에 맞추어 다양한 역할을 수행하고 있다.

우선 시멘트 생산 공정에서는 고온 소성 단계가 전체 에너지 소비의 대부분을 차지하고 있으며, 동시에 제품 품질의 균질성을 좌우하는 핵심 공정으로 간주된다. 이 과정에서 AI는 소성로 내부의 온도 분포, 연료 소비량, 가동 시간, 그리고 원료의 조성 데이터를 실시간으로 분석함으로써, 열 손실을 최소화하고 에너지 효율을 극대화할 수 있는 소성 조건을 제시한다. 나아가 AI 기반의 제어 시스템은 연료 혼합 비율을 최적화하고, 소성 조건의 편차로 인한 품질 불량을 사전에 예측하여 자동으로 조정하는 기능도 수행한다. 이러한 기술의 도입은 기존의 수동적 공정 제어에서 벗어나, 보다 정밀하고 자율적인 스마트 시멘트 생산 체계를 가능하게 한다.

레미콘 생산에서는 콘크리트의 배합 설계와 품질 예측에 AI가 적극적으로 활용되고 있다. 전에는 압축 강도, 내구성, 작업성 등을 확보하기 위해 수많은 시험을 거쳐 배합비를 도출해야 했지만, 이제는 축적된 배합 데이터를 학습한 인공 신경망 기반의 AI 모델이 요구 성능에 적합한 최적 배합비를 신속하게 추천할 수 있게 되었다. 이러한 모델은 단순히 물성 예측에 그치지 않고, 동일한 품질을 유지하면서도 시멘트 사용량이나 혼화제 비용을 절감할 수 있는 경제적 배합안을 함께 제시할 수 있다는 점에서, 지속 가능성과 비용 효율성 측면에서도 큰 장점을 지닌다.

그뿐 아니라 콘크리트 혼합 시의 온도, 습도, 혼합 시간 등의 공정 데이터를 실시간으로 분석함으로써 품질 이상 발생 가능성을 조기에 예측하는 시스템도 개발되고 있다. 예를 들어, IoT 센서로 수집된 실시간 데이터를 바탕으로 슬럼프 변화나 응결 지연을 사전에 경고하는 시스템은, 품질 편차를 최소화하고 시공 현장의 오류를 줄이는 데 기여하고 있다.

이러한 AI 기술의 도입은 단순히 개별 공정의 효율을

높이는 데 그치지 않고, 공장 전체의 운영을 통합하고 자동화하는 디지털 생산 체계를 구축하는 데까지 확장되고 있다. 최근에는 스마트 레디믹스 공장, 지능형 시멘트 생산 설비, 자동 품질 관리 플랫폼 등이 국내외에서 실제로 운영되기 시작했으며, 이는 건설 재료 산업 전반의 디지털 전환을 가속화하는 계기가 되고 있다. 특히 탄소 중립 및 친환경 건설이 강조되는 시대적 흐름 속에서, AI는 에너지 절감과 품질 향상을 동시에 달성할 수 있는 실효성 있는 기술로 주목받고 있다.

건설 재료 선택과 건축 설계의 상호작용

건축 설계자에게 재료는 단순히 형태와 구조를 구성하는 요소를 넘어선다. 재료는 공간의 분위기와 질감을 형성할 뿐 아니라 건물의 에너지 성능, 환경 영향, 유지 관리성까지 좌우하는 복합적 결정 대상이다. 예컨대 외장재 하나의 선택이 단열 효과는 물론, 태양광 반사율(SRI: Solar Reflectance Index), 시공 비용, 수명 주기에 이르는 전반적인 영향을 미친다.

AI를 활용한 재료 성능 예측과 시뮬레이션

AI는 재료의 물리적·화학적 특성 데이터에 기반하여

건물의 성능을 정밀하게 예측하는 데 활용된다. 예를 들어, 특정 알루미늄 패널의 열관류율(U-value), 반사율, 음향 흡수 계수, 투습도 등을 입력하면, AI 모델은 그 재료가 건물의 연간 에너지 부하에 미치는 영향을 시뮬레이션할 수 있다. 이는 전통적인 설계 방식에서 어렵거나 시간이 많이 소요되던 시뮬레이션 작업을 자동화하여, 설계자의 직관을 보완하고 더 정량적인 의사 결정을 가능하게 한다. 실제로 Autodesk사의 Insight, Graphisoft사의 EcoDesigner STAR와 같은 BIM 기반 성능 해석 툴은 AI 엔진과 연계되어 다양한 재료 시나리오를 수초 내에 비교할 수 있다.

전 생애 주기(LCA) 기반의 환경 영향 평가와 AI

AI는 재료의 생산부터 운송, 시공, 사용, 폐기까지의 전 생애 주기(Life Cycle)에 걸친 환경 영향을 평가하는 데에도 활용된다. 예컨대 특정 시멘트계 재료의 CO_2 배출량(kg CO_2-eq/m^3), embodied energy(MJ/kg), 물 사용량(L/m^3) 등을 계산하고, 그 결과를 바탕으로 친환경 인증 기준에 적합한 재료 대안을 제안한다. 이러한 분석은 미국의 LEED(Leadership in Energy and Environmental Design), 유럽의 BREEAM, 한국의 G-SEED(녹색건축 인증)와 같은 친환경 건축 인증에서 매우 중요한 평가 지표로 작용한다. 최근에는 EC3(Embodied Carbon in Construction Calculator) 같은 플랫폼이 AI 분석 기능을 탑재하여, 사용자가 입력한 건물 구성 요소에 대해 탄소 배출량이 낮은 재료군을 자동 추천해 주는 기능도 제공하고 있다.

디지털 패브리케이션과 시공성 최적화

AI는 디지털 패브리케이션(digital fabrication) 기술과 연계되어 실제 제조 및 시공 단계에서도 효율성과 실현 가능성에 영향을 미친다.

복잡한 자유 곡면 형태를 생성하는 과정에서, AI는 각 재료가 CNC 가공, 3D 프린팅, 로봇 암 조형 등에 어느 정도 적합한지를 분석하고, 가공 효율과 낭비율까지 포함한 최적의 형상 조합을 제안할 수 있다. 이는 단순히 설계자의 아이디어를 물리적으로 구현하는 수준을 넘어서, 재료 소비량과 시공 시간, 폐기물 배출량을 최소화하는 지속 가능한 생산 모델로 이어진다. 특히 복잡한 텐세그리티 구조나 프리패브릭 모듈 등에서 이러한 분석은 설계와 시공간의 간극을 실질적으로 줄여 주는 중요한 역할을 한다.

통합적 디자인 전략으로서의 재료 선택

과거에는 재료 선택이 설계자의 경험과 직관, 그리고 제한된 제품 정보에 의존하던 개별적 행위였다면, 오늘날의 AI는 수천 가지 이상의 재료 속성과 시뮬레이션 결과, 환경 데이터를 통합 분석하여 성능, 환경 영향, 비용, 시공성을 동시에 고려하는 판단 체계를 구축하고 있다. 이는 단지 설계 과정의 효율화를 의미하는 것이 아니라, 설계자의 창의적 구상과 기술적 실현 가능성 사이의 균형을 강화하는 강력한 도구로 작용한다.

이로써 재료 선택은 더 이상 단일한 디테일의 결정이 아니라, 건축물의 전체 성능과 철학, 사회적 책임까지 담아내는 통합적 디자인 전략으로 진화하고 있다. 여기서 AI는 설계자의 창의성을 대체하는 것이 아니라, 설계 해상도를 높이고 구상을 실현 가능한 형태로 변환하는 협력적 도구로서 작동한다.

신재료 개발과 AI 시뮬레이션

AI는 건설 재료 개발의 패러다임을 전통적인 '실험 기반' 방식에서 '시뮬레이션 기반'의 예측적 접근으로 전환시키고 있다. 과거에는 수많은 시험을 통해 최적 배합비를 찾아야 했던 반면, 이제는 인공지능이 데이터로부터 물성 · 조성의 상관관계를 학습하여, 재료의 구조적 거동과 성능을 사전에 예측한다. 과거 재료 공학에서는 반복 시험을 통해 기술 개발이 이루어졌으나, AI가 접목됨에 따라 단순한 효율 개선을 넘어, 인간의 실험 직관을 대체하는 새로운 개발 시스템이 출현한 것이다.

다성분계 복합 재료의 최적 설계-머신러닝을 통한 조성 탐색

AI의 응용은 특히 다성분계 복합 재료 개발에서 그 진가를 발휘한다. 전통적인 시멘트계 복합 재료 개발에서는 물, 시멘트, 혼화재, 광물 혼합물 등의 비율 조합이 수천 가지에 이르며, 각각의 조합은 강도, 내구성, 유동성 등 상호 상충하는 특성을 보인다. AI는 이러한 고차원 설계 공간을 데이터 기반으로 탐색함으로써, 최적의 배합비를 실험 이전에 도출할 수 있다. 예를 들어, '그레이디언트 부스팅(Gradient Boosting)'이나 '랜덤 포레스트(Random Forest)'와 같은 머신러닝 알고리즘은, 콘크리트 재료의 과거 배합 데이터와 그에 따른 강도 시험 결과를 수천 건 이상 학습할 수 있다. 이 알고리즘들은 단순한 평균 계산이 아니라, 데이터 속에서 복잡한 패턴과 관계를 찾아내는 데 특화되어 있다.

이러한 모델을 활용하면 시멘트, 물, 골재, 혼화제 등의 비율을 입력하기만 해도, 해당 배합으로 제조된 콘크리트의 압축 강도가 어느 정도일지를 매우 정확하게 예측할 수 있다. 일부 연구에서는 이 예측값이 실제 시험값과의 차이가 ±3% 이내로 매우 작다는 결과도 보고된 바 있다.

즉, 과거에는 원하는 강도를 확보하기 위해 다양한 배합을 일일이 시험해 보는 시간이 수개월씩 걸렸지만, 이제는 AI가 이를 미리 계산해 주기 때문에 단 며칠 만에도 적절한 배합을 도출할 수 있다. 이로 인해 개발에 들어가는 시간과 비용을 각각 30~50% 이상 절감할 수 있다는 평가도 나온다.

미시 구조 기반 성능 예측-GAN과 진화 알고리즘의 역할

재료의 거시적 성능은 미시 구조의 조직적 특성에 의해 결정되기 때문에, AI는 재료의 내부 미세 구조를 예측·생성하는 데 활용된다. 생성적 적대 신경망(GAN, Generative Adversarial Network)이나 유전 알고리즘(Genetic Algorithm)을 이용하면, 실제 시료를 제조하지 않고도 공극 분포, 입자 경계, 결정 배열 등 미시 구조 이미지를 가상으로 생성할 수 있다. 이를 통해 재료의 열전도성, 투습성, 응력 분포, 균열 전파 경향 등을 정밀하게 시뮬레이션할 수 있으며, 결함 가능성까지 사전에 진단할 수 있다. MIT Concrete Sustainability Hub의 연구에서는 위의 GAN을 이용해 콘크리트의 미세 구조를 가상으로 생성한 뒤, 이를 바탕으로 균열 발생 확률을 약 92%의 정확도로 예측한 바 있다.

이러한 기술은 고성능 단열재, 초고강도 콘크리트(UHPC), 내화성 복합 소재 등 차세대 건설 재료 개발의 핵심 도구로 활용되고 있다.

복합 성능의 균형과 신물질 창출-생성형 AI의 확장

AI의 가장 큰 가치는 단순한 물성 예측을 넘어, 재료 배합과 성능의 관계를 스스로 학습함으로써 인간이 발견하기 어려운 여러 기능 또는 상반된 특성의 최적 조합을 찾아낸다는 점이다. 예를 들어, AI는 고강도와 내열성, 고인성과 투수성처럼 서로 충돌하는 특성 사이에서 최적 균형점을 계산적으로 도출할 수 있다. 딥러닝 기반 모델은 섬유보강콘크리트(FRC)의 파괴 인성, 전단 강도, 유동성 간의 비선형 상관식을 규명하여 목표 성능을 만족하는 복합 소재를 설계할 수 있다.

더 나아가 AI는 기존 재료 개선을 넘어, 새로운 물질 조합 자체를 창출하기도 한다. 구글 딥마인드의 Graph Networks for Materials Exploration(GNoME) 프로젝트는

약 220만 개의 안정적 신물질 조합을 예측하였고, 그중 일부는 실제 실험에서 결정 구조 안정성이 검증되었다.

이러한 생성형 접근은 건설 분야에서도 탄소 저감형 시멘트, 폐플라스틱 기반 복합 소재, 자가 치유 콘크리트 등 지속 가능한 신재료 개발로 이어질 수 있다.

AI는 수많은 조합 가능성과 미시 구조 모델을 탐색함으로써 새로운 물질 질서(material order)를 창출하고, 이를 기반으로 건축의 지속 가능성, 에너지 효율성, 그리고 극한 환경 대응력을 동시에 실현할 수 있는 가능성을 열고 있다. 이러한 기술적 진보는 재료 과학이 더 이상 실험실에서의 반복적 시험이 아닌, 데이터 · 모델 · 시뮬레이션이 융합된 AI 기반 지식 창출 체계로 진화하고 있음을 보여 준다.

참고문헌

조성광(2022). "콘크리트 기술의 적정 권리범위 확보를 위한 특허요건상 진보성 심사기준에 관한 연구". 충남대학교 박사학위논문.

Gamil, Y.(2023). Machine learning in concrete technology: A review of current researches, trends, and applications. *Frontiers in Built Environment, 9.*

Yuan, Z. et al.(2025). Machine learning based optimization for mix design of manufactured sand concrete. *Construction and Building Materials, 467*(14).

06
공정 관리와 시공 안전

경험과 직관에 의존해 왔던 공정 관리와 안전 관리는 IoT 센서와 인공지능이 결합된 실시간 데이터 분석을 통해 예측적이고 지능적인 관리로 전환되고 있다.
수많은 변수와 위험이 동시에 작동하는 건설 현장에서 AI는 단순한 공정 효율화 도구가 아니라, 시공 안전의 제도적 · 문화적 변화를 유도하는 핵심이 되어 간다.

AI와 민주주의?

IoT와 결합한 공정 모니터링

건설 현장은 복잡한 인력, 장비, 자재, 공정이 동시에 움직이는 다층적 시스템이다. 전통적인 공정 관리는 주로 작업 일지, 간트 차트(Gantt chart), 현장 감독의 경험적 판단에 의존해 왔으나, 이러한 방식은 실시간 정보 반영이 어렵고, 계획 대비 실행의 편차가 크다는 한계를 가진다.

이에 따라 최근 건설 산업에서는 IoT를 기반으로 한 공정 모니터링이 급속히 확산되고 있다. IoT 센서는 장비 가동률, 작업자 위치, 자재 이동, 환경 조건(온도 · 습도 · 진동 등)을 실시간으로 수집하며, 이 데이터는 클라우드 기반의 관리 플랫폼으로 전송된다. AI는 이러한 데이터를 분석하여 진척률 추정, 이상 징후 감지, 장비 효율성 평가를 수행한다.

예를 들어, 타워크레인과 펌프카에 부착된 센서를 통해 장비의 작동 시간과 위치를 자동 기록하면, 공정 관리자는 실제 투입률과 계획 대비 진행률을 시각화된 대시보드로 확인할 수 있다. 이 과정에서 AI는 데이터의 패턴을 학습하여, 특정 장비의 가동률 저하나 공정 병목이 예상되는 시점을 사전에 경고한다.

이러한 시스템은 관리자의 원격 모니터링 기능을 통해 현장 상황을 실시간으로 파악할 수 있게 한다. 관리자나 발주자는 사무실 또는 외부에서도 모바일 기기나 웹 인터페이스를 통해 현장의 공정 상태, 장비 가동률, 안전 경보를 즉시 확인할 수 있으며, 필요 시 원격으로 공정 일정을 조정하거나 현장 작업자에게 지시를 전달할 수 있다.

특히 사고나 공정 이상에 대한 실시간 대응 체계는 IoT 기반 관리의 중요한 진전이다. 장비 이상 진동이 감지되거나 위험 구역 내 비인가 인원이 진입하면, AI가 즉시 이를 인식하고 경고 알림을 발송한다. 동시에 관리자는 모바일 플랫폼을 통해 현장의 CCTV 영상과 센서 데이터를 확인하며, 즉각적인 조치(작업 중지, 장비 점검, 인력 재배치 등)를 내릴 수 있다.

결국 IoT 기반 공정 관리의 핵심은 '데이터의 실시간성'과 '현장 피드백의 자동화', 그리고 '즉각적 대응성'이다. 이를 통해 관리자는 주관적 판단이 아닌 데이터 기반의 근거를 토대로 의사 결정을 내릴 수 있으며, 프로젝트 전체의 투명성과 신뢰성이 향상된다. 동시에 공정 효율과 안전성이 함께 제고되면서, 건설 관리의 새로운 표준이 형성되고 있다.

시공 현장의 위험 감지 및 안전 관리

건설 산업은 산업 재해 사망률이 전체 산업 중 가장 높은 분야 중 하나다. 대규모 인력과 중장비가 동시에 투입되는 복합적 환경 속에서, 공정의 변동성과 예측 불가능한 외부 요인(기상, 자재 지연, 협력업체 간 간섭 등)이 맞물려 사고 위험을 상시적으로 내포한다. 이러한 특성 때문에 기존의 안전 관리는 주로 사고 발생 후의 '대응적(reactive)' 조치에 머물렀다. 그러나 최근에는 AI와 IoT를 기반으로 한 '위험 감지형(Proactive) 안전 관리'가 새로운 패러다임으로 자리 잡고 있다.

AI 영상 분석을 통한 위험 행동 자동 인식

AI 영상 분석 시스템은 현장 내 CCTV, 드론, 고정 카메라를 통해 수집된 영상을 실시간으로 분석한다. Deep Learning 기반의 객체 인식 알고리즘은 작업자의 안전모, 안전벨트, 조끼 착용 여부뿐 아니라 작업 자세와 이동 경로, 위험 구역 침입 여부까지 감지할 수 있다. 고소작업 중 허리 벨트 미착용이 탐지되면 AI는 실시간 영상 분석을 통해 이를 식별하고, 즉시 관리자 단말기나 관제센터로 실시간 경보(Alert)를 전송한다. 이러한 경고 시스템은 단순한 영상 감시를 넘어, AI가 '행동 패턴'을 인식하고 위험도를 판단하는 수준으로 진화하고 있다.

IoT 웨어러블 기반의 생체·환경 데이터 감시

IoT 웨어러블 센서를 착용한 작업자들은 심박수, 체온, 체력 소모도, 낙상 충격, 유해 가스 농도 등 생체 및 환경 데이터를 실시간으로 전송한다. 여름철 폭염 시 AI가 체온 상승과 심박수 변화를 감지하면, 열사병 위험 예측 신호를 관리자에게 자동 발송하고 해당 작업자를 일정 시간 휴식하도록 권고한다. 이처럼 AI는 단순히 위험 상황을 탐지하는 수준을 넘어, 사고 발생 전의 생리적 이상 징후까지 분석하는 '예방형 안전 관리'로 발전하고 있다.

위험도 지도(Risk Map)와 드론 감시 시스템

AI는 현장에서 수집된 다차원 데이터를 종합 분석하여 시간 · 공정 · 위치별 위험도 지도(Risk Map)를 생성한다. 과거 사고 데이터와 CCTV 영상, 장비 운행 로그를 결합하여 "어떤 공정 단계에서, 어떤 시점에, 어떤 유형의 사고가 빈발하는가"를 시각화한다. 관리자는 이 지도를 통해 고위험 구간에 대한 작업 순서 변경, 인력 재배치, 안전 시설 강화 등의 선제적 조치를 결정할 수 있다.

드론 기반 감시 시스템 역시 중요한 역할을 수행한다. 대형 현장에서는 사람이 직접 접근하기 어려운 고소나 협소 구역을 드론이 순찰하며, AI는 드론 영상으로부터

낙하물 위험, 비계 불량, 방호 시설 파손 등 구조적 이상 징후를 자동 식별한다. 이러한 데이터는 중앙 서버에 즉시 통합되어, 관리자가 원격에서 현장 상태를 실시간 모니터링할 수 있게 한다.

예측형 안전 관리 체계의 구축과 의의

AI 기반의 시공 현장 안전 관리는 단순한 "감시"가 아니라, 데이터에 근거한 위험 예측 · 대응 의사 결정 시스템으로 진화하고 있다. 이는 과거의 "사고 발생 후 대응" 중심 구조를 넘어, "사고 발생 전 예측과 예방" 중심의 지능형 안전 관리 체계를 구축한다는 점에서 의미가 크다.

AI는 위험 감지의 자동화뿐 아니라, 관리자에게 데이터 기반의 정량적 판단 근거와 대응 우선순위를 제공함으로써, 시공 안전의 실질적 수준을 한 단계 끌어올린다.

예측 기반 공정 최적화와 자원 배분

공정 관리의 본질은 "한정된 시간과 자원을 최적의 조합으로 배분하는 것"이다. 그러나 실제 건설 현장은 수많은 변수와 불확실성에 노출되어 있다.

기상 변화, 자재 납품 지연, 장비 고장, 인력 부족, 안전사고 등은 계획된 일정에 즉각적인 영향을 미치며, 전통적인 방식으로는 이러한 변수를 실시간으로 반영하기 어렵다. 기존의 간트 차트나 CPM(Critical Path Method) 기반 일정 관리는 사후적 조정에 머물렀고, 결과적으로 공정 지연과 비용 초과를 초래하는 경우가 많았다.

AI 기반 예측 모델 구축-데이터의 학습과 패턴 인식

AI 기반 공정 최적화는 이러한 한계를 근본적으로 보완한다. 시스템은 과거 프로젝트의 실적 데이터(작업량, 장비 투입 시간, 인력 효율 등)와 현장에서 실시간으로 수집되는 센서 데이터(온도, 습도, 장비 상태, 자재 이동 경로 등)를 결합하여 예측 모델을 구축한다.

이 모델은 단순히 데이터를 나열하는 것이 아니라, 과거와 현재의 패턴을 비교·학습함으로써 향후 특정 공정에서 발생할 수 있는 지연 확률, 장비 고장 가능성, 인력 부족 위험도 등을 사전에 계산한다.

콘크리트 타설 공정의 경우, 과거 수십 개 프로젝트의 기상 데이터, 양생 시간, 장비 가동률을 학습한 AI는 콘크리트 타설 시의 온도 및 습도 조건과 이후의 기상 데이터를 수집하면서 콘크리트의 양생 경과를 예측할 수 있다. 관리자는 이러한 예측 정보를 바탕으로 타설 일정을 미리 조정하거나, 보양 장비를 추가 배치하는 등 선제적 대응을 수행할 수 있다.

강화 학습을 통한 공정 최적화-스스로 학습하는 시뮬레이션

AI는 또한 강화 학습을 통해 공정 최적화를 자율적으로 수행한다. 강화 학습은 시스템이 수천 번의 시뮬레이션을 반복하며 "어떤 순서로 공정을 배치해야 총 소요 시간이 최소가 되는가"를 스스로 학습하는 방식이다. 이 과정에서 AI는 단순히 일정 단축뿐 아니라 비용, 품질, 안전 리스크까지 종합적으로 고려하며, 다양한 변수 간의 균형점을 찾아낸다.

AI가 계산한 주공정선(CP, Critical Path)은 인간의 직관이나 경험에 의존한 계획보다 훨씬 정교하고 유연하다. 그동안에는 한번 설정된 주공정선을 변경하기 위해 수일간의 회의와 조정이 필요했지만, AI는 공정 실적 데이터의 변화에 따라 실시간으로 CP를 재계산한다. 자재 공급이 늦어질 경우, AI는 즉시 대체 가능한 공정을 제시하거나, 투입 가능한 인력을 다른 작업으로 재배치하여 병목 현상을 최소화한다.

자원 배분의 자동화와 동적 의사 결정 시스템

AI 기반 시스템은 자원 배분의 효율성을 극대화한다. AI

는 각 공정별 투입 인력의 숙련도, 장비 상태, 자재 재고량 등을 종합적으로 분석하여 "누가, 언제, 어디에, 어떤 자원을 투입해야 하는가"를 자동으로 결정한다. 이는 단순한 일정 관리의 수준을 넘어, 시공 단계의 동적 의사결정 시스템(Dynamic Decision-Making System)으로 기능한다.

예를 들어 AI는 다음과 같은 판단을 실시간으로 수행할 수 있다.

- 특정 구간의 장비 가동률이 떨어지면, 인근 장비를 자동으로 재배치한다.
- 한 공정이 예정보다 빨리 종료될 경우, 후속 공정을 조기 착수하도록 일정표를 자동 갱신한다.
- 자재 납품이 지연될 경우, 대체 자재를 활용하거나 인접 공정의 순서를 바꾸는 대안을 제시한다.

이러한 시스템을 통해 관리자는 거시적 시점에서 프로젝트 전체의 흐름을 조망하면서도, 세부 자원의 배분을 미세하게 제어할 수 있다. 그 결과, 공사 기간 단축, 비용 절감, 품질 안정성 확보라는 세 가지 핵심 목표를 동시에 달성할 수 있으며, 특히 공정 예측 정확도가 높아질수록 리스크 관리의 정량화와 사전 대응 능력이 향상된다.

지능형 시공 관리로의 진화

AI 기반 예측형 공정 관리는 단순한 스케줄링을 넘어, 프로젝트 전체의 흐름을 실시간으로 분석 · 조정하는 지능형 시공 관리 체계로 발전하고 있다.

이를 통해 관리자는 공기 단축, 비용 절감, 품질 안정성 확보라는 세 가지 핵심 목표를 동시에 달성할 수 있다. 특히 예측 정확도가 높아질수록 리스크 관리의 정량화와 사전 대응 능력이 강화된다.

결국 예측 기반 공정 관리는 데이터와 학습을 기반으로 AI가 프로젝트 전반을 학습-판단-조정하는 자율적 관리 체계로 진화하고 있으며, 이는 향후 건설 산업의 생산성 혁신을 견인하는 핵심 기술 인프라가 될 것이다.

AI 기반 안전 문화와 의사 결정 지원 체계

기술적 안전 관리의 완성은 결국 조직 문화와 의사 결정의 지능화로 이어져야 한다. 아무리 정교한 센서나 분석 시스템이 구축되어도, 관리자와 조직이 그 데이터를 올바르게 해석하고 행동으로 옮기지 않으면 실질적인 변화는 일어나지 않는다. 다시 말해, 기술이 안전을 보장하더라도, 조직의 의사 결정 구조와 안전 문화가 이를 수용할 준비가 되어 있을 때 비로소 실효성을 갖는다.

AI 기반 의사 결정 지원 시스템

의사 결정 지원 시스템으로 발전하고 있는 AI는 현장에서 수집된 방대한 데이터를 학습하여, "어떤 위험 요소가 반복적으로 발생하는가", "어떤 하도급 단계에서 사고가 집중되는가", "어떤 시간대와 공정이 가장 취약한가"를 정량적으로 분석한다. 이를 기반으로 관리자에게 위험도별 대응 우선순위, 예방 조치의 최적 시점, 필요한 교육·점검 항목 등을 자동 제시함으로써, 조직의 대응력을 체계적으로 높인다.

예를 들어, AI가 최근 6개월간의 현장 데이터를 분석하여 "야간 작업 중 추락 사고 발생 확률이 주간 대비 3.4배 높고, 특히 특정 하도급 단계에서 반복된다"고 판단할 경우, 시스템은 관리자에게 추가 조명 설치, 야간 작업 인원 교대 주기 조정, 위험 구간 출입 통제 강화 등의 구체적인 조치를 제안한다. 이러한 절차는 기존의 경험적 판단보다 훨씬 객관적이며, 관리자가 데이터에 근거한 합리적 결정을 내릴 수 있는 기반을 제공한다.

ESG 경영과 안전 데이터의 투명성

데이터 기반의 안전 의사 결정 체계는 최근 강조되는 ESG 경영(Environmental, Social, Governance)의 'S(사회)'와 'G(거버넌스)' 영역과 긴밀히 연결된다.

AI를 활용한 안전 리스크 관리, 재해 예방 데이터 공개, 투명한 현장 운영은 사회적 책임을 이행하는 구체적 방법이며, 동시에 기업의 지배 구조(Governance) 개선을 촉진한다. 특히 AI 시스템이 실시간으로 안전 데이터를 기록·보관함으로써, 향후 감사나 감독 기관의 점검 시에도 데이터 기반 증빙 체계를 제공할 수 있다. 이는 ESG 보고서 작성뿐 아니라, 기업의 사회적 신뢰도와 투자 안정성 평가에도 긍정적으로 작용한다.

하도급 구조의 복잡성과 법적 책임 관리

건설 산업의 특성상 하도급 구조의 다단성은 안전 관리 책임의 경계를 모호하게 만드는 주요 요인으로 지적되어 왔다. 사고가 발생하면 "원청과 하도급 중 누가 관리 책임자인가"를 명확히 규정하기 어렵고, 이는 법적·제도적 혼란으로 이어진다. AI 기반 모니터링 시스템은 각 작업 구역, 각 업체, 각 인력의 데이터를 실시간으로 기록함으로써 '누가, 언제, 어떤 안전 의무를 이행했는가'

를 투명하게 추적할 수 있는 구조를 만든다.

이러한 데이터 관리 체계는 향후 하도급법상 원·하도급자 공동 책임 제도의 실효성을 높이는 근거로 기능할 수 있으며, 나아가 안전 의무의 디지털 이력화를 가능하게 한다.

2022년 시행된 중대재해처벌법은 이러한 변화의 제도적 전환점을 상징한다. 이 법은 경영책임자에게 안전보건 관리 의무를 직접 부과함으로써, 안전 관리의 중심축을 '현장 중심'에서 '경영 중심'으로 이동시켰다.

이에 따라 AI 기반 안전 관리 시스템은 단순한 기술 도입이 아니라, 경영자가 법적 의무를 체계적으로 이행하기 위한 관리 도구이자 법적 방어 수단으로 기능한다. 예를 들어, AI 시스템이 매일 위험도 보고서를 자동 생성하여 경영진에게 제출하고, 이 기록이 보존된다면, 이는 경영 책임자가 "안전 조치를 지속적으로 관리·감독하였다"는 법적 근거로 활용될 수 있다.

지능형 안전 거버넌스의 구축과 문화적 전환

AI는 "안전 데이터의 관리→경영의 책임→조직 문화의 변화"라는 일련의 흐름을 연결하는 핵심 매개체다.

기술적 안전 관리(AI, IoT, 센서 등)와 제도적 안전 문화(ESG, 하도급법, 중대재해처벌법)가 결합될 때, 건설 산업의 안전 관리 체계는 단순한 규제 준수를 넘어 "예측 · 책임 · 문화"가 통합된 지능형 안전 생태계로 발전하게 된다.

이 생태계에서는 데이터가 의사 결정을 이끌고, 의사 결정이 책임 구조를 강화하며, 책임이 다시 조직 문화의 변화를 촉진한다. AI는 이 순환의 중심에서 기술과 제도를 잇는 '지능형 안전 거버넌스'의 실질적 구현자로 기능한다.

참고문헌

Elghaish, F. et al.(2025). Predictive digital monitoring of construction resources: an integrated digital twin solution. *Engineering, Construction and Architectural Management*, pp.1~25.

Khan, A. M. et al.(2024). Internet of Things (IoT) for safety and efficiency in construction building site operations. *Scientific Reports, 14*, 28914.

Wang, S. et al.(2025). Construction of Intelligent Decision Support Systems through Integration of Retrieval-Augmented Generation and Knowledge Graphs. *Scientific Reports, 14*, 35462.

Waqar, A.(2024). Intelligent decision support systems in construction engineering: An artificial intelligence and machine learning approaches. *EXWA, 249*.

07
디지털 트윈과 건설 정보 관리

디지털 트윈(Digital Twin)은 현실의 건설 대상과 상태를 실시간으로 반영하는 가상 복제체다. 이는 BIM, IoT, AI, 클라우드가 결합된 지능형 정보 관리 플랫폼으로서, 설계 · 시공 · 운영 전 과정을 연결하고 시뮬레이션을 통해 실제 의사 결정을 지원한다.

AI와 애니메이션?

디지털 트윈의 개념과 건설 산업에서의 진화

디지털 트윈 개념의 시작과 발전

디지털 트윈(Digital Twin)은 현실 공간의 물리적 객체를 가상공간에서 실시간으로 반영한 가상 모델 시스템이다. 이 시스템은 실제 환경에서 일어나는 현상이 가상 공간의 모델에 동기화되어 반영되고, 가상 모델에서의 시뮬레이션 결과가 다시 현실의 의사 결정과 제어에 반영되는 양방향 피드백 구조를 갖는다.

마이클 그리브스(Michael Grieves) 교수가 제시한 이 개념은 2002년 NASA의 'Mirror Spacecraft' 사업에서 처음 구체화되었다. 당시 NASA는 우주선의 모든 상태를 지상에서 실시간으로 모사하여 고장 징후를 조기에 파악하고, 우주 환경에서 발생할 수 있는 리스크를 사전에 분석하기 위해 디지털 복제체를 활용하였다. 이후 GE, Siemens 등의 제조업 회사가 이 개념을 발전시켜, 기계·플랜트의 유지 보수와 성능 최적화를 위한 사이버-물리 시스템(Cyber-Physical System, CPS) 형태로 확장하였다. 이후 에너지, 물류, 도시 계획, 그리고 건설 산업으로 그 적용 영역이 넓어졌다.

건설 분야의 디지털 트윈

건설 분야의 디지털 트윈은 BIM을 기반으로 발전하였다. 초기의 BIM은 주로 설계 단계에서 정적(Static) 모델링을 수행하는 도구로 활용되었으나, 이후 IoT 센서, 드론, LiDAR, 클라우드, AI 기술과 결합하면서 동적(Dynamic) · 실시간 시뮬레이션형 플랫폼으로 진화하였다. 즉 BIM이 건물의 형상과 자재 정보를 표현하는 '정보 모델'이었다면, 디지털 트윈은 그 위에 시간 · 환경 · 운영 데이터를 결합하여 "살아있는 모델(Living Model)"로 확장된 것이다.

오늘날 디지털 트윈은 설계 · 시공 · 운영의 전 과정에서 하나의 가상화된 의사 결정 공간으로 기능한다. 건설 중인 교량의 센서 데이터가 실시간으로 수집되면, 디지털 트윈 모델은 구조물의 하중 변화나 온도 · 습도에 따른 변형량을 시뮬레이션하여 위험 수준을 예측한다.

국내에서는 한국도로공사, LH공사 등이 도로 · 스마트시티 관리에 디지털 트윈을 적용하고 있으며, 해외에서는 영국의 'National Digital Twin Programme(NDTP)'가 대표적이다.

데이터 통합과 시뮬레이션 기반 의사 결정

건설 산업 데이터의 분절 구조와 통합의 필요성

디지털 트윈의 핵심은 데이터의 통합과 시뮬레이션을 통한 해석에 있다.

건설 산업의 모든 단계에서 생성되는 데이터는 방대하고 복잡하다. 설계 단계에서는 BIM을 중심으로 도면, 사양서, 구조 · 설비 · 전기 정보가 생산되고, 시공 단계에서는 기본적인 CM(Construction Management) 데이터에서부터 IoT 센서, 드론 영상, LiDAR 스캔, 장비 운용 데이터가 실시간으로 축적된다. 또한 경영 · 관리 단계에서는 ERP, 품질 · 안전 점검 기록, 에너지 사용, 인력 출입 데이터 등이 별도의 시스템에서 독립적으로 운영된다. 이처럼 데이터가 서로 다른 형식과 시스템 속에 분산되어 존재하는 경우에는 "현황을 종합적으로 보는 시각"이 부족할 수밖에 없다.

디지털 트윈을 통한 통합 데이터 환경 구축

디지털 트윈은 이러한 분절된 정보를 하나의 통합 데이터 환경으로 연결하고 AI가 이를 해석 · 시각화함으로써, 관리자는 단일 정보 환경에서 의사 결정을 수행할 수 있게 된다. 통합된 데이터 환경에서는 수많은 데이터 스트림이 끊임없이 업데이트된다. 센서는 콘크리트 양생 온도, 장비의 위치와 가동률, 작업자의 이동 경로를 초 단위로 전송하고, 드론은 공정의 진행 상황을 주기적으로 촬영하여 3차원 포인트 데이터로 변환한다. AI는 이러한 다원적 데이터를 해석하여 현장의 실제 상태를 실시간으로 재구성한다.

시뮬레이션 기반 의사 결정-문제의 예측과 검증

디지털 트윈이 제공하는 가장 강력한 기능은 시뮬레이션 기반의 의사 결정 지원이다. 과거의 건설 관리는 문제가 발생한 뒤 원인을 찾고 대책을 세우는 사후적 대응 방식이었다. 그러나 디지털 트윈은 문제 발생 이전에 "무엇이, 언제, 어떻게" 일어날지를 예측하고, 가상의 시나리오 실험(What-if Simulation)을 통해 다양한 대안을 사전에 검증한다.

예컨대, AI는 과거의 공정 이력과 현장 데이터를 학습하여 "향후 3일간의 기상 조건에서 콘크리트 타설 후 양생 속도가 15% 저하될 가능성이 있다"고 예측할 수 있다.

관리자는 이러한 정보를 기반으로 가상 환경에서 여러 시나리오를 시험한다. '만약 콘크리트 타설 일정을 하루 연기하면 총 공기가 얼마나 늘어나는가?', '자재를 다른 공급망으로 전환하면 비용이 얼마나 증가하는가?', '대체 인력을 투입하면 품질에 미치는 영향은 어느 정도인가?' 등을 시뮬레이션할 수 있다.

AI는 이 결과를 정량화하여 각 시나리오별 기간 · 비용 · 품질 영향 지표를 대시보드 형태로 제시하고, 관리자는 이를 근거로 가장 합리적인 결정을 내릴 수 있다. 이러한 과정은 "결정 전 검증(Pre-decision Validation)" 체계를 형성한다.

가상 실험실(Virtual Experiment Lab)로서의 디지털 트윈

디지털 트윈의 시뮬레이션 기능은 실제 실험을 대체하는 가상 실험실로 작동한다. AI는 날씨, 자재 수급, 장비 고장, 인력 가용성 등 외부 요인을 동시에 반영하여, 공정 변경이 전체 프로젝트에 미치는 영향을 정량적, 시각적으로 계산한다.

강우로 인해 콘크리트 양생이 지연될 경우, AI는 자동으로 주공정선(Critical Path)을 재계산하고, 후속 공정의 자원 배분을 수정한다. 이 결과는 디지털 트윈 상의 BIM 모델에서 시각적으로 표현되어, 공정 간 간섭이나 일정 지연을 즉시 확인할 수 있다. 교량의 디지털 트윈 모델을 이용하면, 하중 변화나 온도 상승에 따른 구조물의 응력 분포를 시뮬레이션할 수 있고, 이를 토대로 보강 시점이나 유지 관리 계획을 사전에 수립할 수 있다.

데이터 기반 전략적 판단 체계

시뮬레이션은 경영적 의사 결정에도 활용된다. AI는 프로젝트의 전반적 데이터를 분석해 "비용 최소화"와 "품질 유지"라는 상충된 목표를 균형감 있게 만족시키는 대안을 제시한다. 결국, 디지털 트윈은 데이터의 흐름을 통합하고, 가상의 실험을 통해 현실의 결정을 검증하는 지능형 의사 결정 플랫폼이다.

제6장에서 논의된 AI의 실시간 공정 모니터링이 "데이터의 수집과 분석"에 초점을 맞추었다면, 디지털 트윈은 한 단계 더 나아가 그 데이터를 종합적으로 연결하고 시뮬레이션함으로써 "데이터 기반의 전략적 판단 체계"를 구축한다.

이는 궁극적으로 건설 현장의 모든 의사 결정을 예측과 검증을 거친 과학적 프로세스로 전환시키며, 향후 건설 산업의 생산성과 안전성, 그리고 신뢰성 향상을 이끌어갈 핵심 기술적 토대가 된다.

유지 관리·시설 운영 단계의 디지털 트윈 활용

건설 프로젝트의 진정한 가치는 완공 이후, 즉 시설 운영 단계에서 드러난다.

이 시점부터는 더 이상 구조물의 "형성"이 아니라 "유지와 성능 관리"가 중심이 된다. 과거의 유지 관리 방식은 주로 정기 점검과 사후 수리 중심이었다. 고장이 발생한 후 원인을 찾아 교체하거나 보수하는 사후 대응형 관리가 대부분이었기 때문에, 불필요한 유지 비용과 예기치 못한 중단이 자주 발생하였다.

디지털 트윈은 이러한 문제를 근본적으로 바꿔놓는다. 완공 후에도 건축물 내부에는 수많은 센서와 IoT 네트워크가 작동하고 있으며, 이들이 생성하는 데이터가 클라우드 서버로 실시간 전송된다. AI는 이를 바탕으로 시설의 상태를 지속적으로 모니터링하고, 고장 발생 이전에 위험 징후를 탐지 · 예측함으로써 관리자가 최적의 유지 보수 결정을 내릴 수 있게 한다.

예측 정비와 자산 관리

디지털 트윈은 단순히 "고장이 발생했다"는 경고를 넘어서 "향후 3개월 내 고장 가능성이 75% 이상인 부품"을 예측하고, 교체 일정을 자동 제안할 수 있다. 이를 예측 정비라 한다.

이 예측 결과는 디지털 트윈 상의 가상 모델에 색상 변화나 애니메이션으로 표시되어, 관리자는 부품 교체 시점과 점검 일정을 자동으로 계획할 수 있다.

이러한 방식은 불필요한 정기 점검을 줄이고, 실제로 필요할 때만 보수 인력과 자재를 투입하도록 한다.

구조 건전성 모니터링

대규모 인프라(교량, 터널, 발전소 등)에서는 디지털 트윈을 활용해 구조 건전성을 모니터링한다.

센서로부터 전달된 진동, 변형, 응력 데이터를 실시간으로 해석하여, 균열이나 피로 누적 위험이 감지되면 관리자에게 경보를 발송한다. 이러한 예측형 유지 관리는 과거의 '정기 점검' 중심 관리보다 훨씬 효율적이고, 비용 절감 효과가 크다.

에너지 관리

디지털 트윈은 또한 에너지 관리 및 탄소 배출 모니터링에서도 중요한 역할을 한다.

건물 내의 조명, HVAC, 엘리베이터, 급배수 등 각종 설비 데이터를 통합하면, AI는 에너지 사용 패턴을 분석하여 낭비 구간을 자동 식별한다. 특정 시간대에 냉난방 부하가 과도하게 집중되거나, 비점유 구역에서 조명이 지속적으로 켜져 있을 경우, AI는 해당 구간의 제어 스케줄을 자동으로 조정하도록 제안한다. 에너지 사용량과 탄소 배출량은 실시간으로 집계되고, BIM 모델상에 CO_2 배출 강도에 따라 색상으로 표시된다.

지능형 도시·인프라 관리로의 확장

디지털 트윈의 활용은 개별 건축물 수준을 넘어, 도시 인프라 단위로 확대된다. 스마트시티 프로젝트에서는 교통, 상하수도, 전력망, 하천 관리 등 다양한 공공 인프라의 데이터를 디지털 트윈으로 통합하여, 도시 전체의 상태를 시각화하고 예측 관리를 수행한다. 도로 트윈에서는 교통량과 기후, 노면 상태를 연계 분석하여 포트홀 발생 가능성을 예측하고, 상하수도 트윈에서는 수위 · 수압 데이터로 누수 위험 구간을 미리 파악할 수 있다.

영국의 NDTP, 싱가포르의 Virtual Singapore 프로젝트, 한국의 K-Digital Twin 사업 모두 이러한 통합 관리 체계를 국가 단위에서 구현하려는 시도다. 이는 개별 건물이나 시설을 넘어, 국토 · 도시 전체를 하나의 지능형 시스템으로 관리하려는 시도다.

데이터 거버넌스와 표준화 과제

디지털 트윈의 핵심은 "데이터의 연결"이지만, 그 연결이 가능하기 위해서는 기술적 기반뿐 아니라 데이터 거버넌스(Data Governance) 체계가 반드시 마련되어야 한다.

거버넌스는 데이터의 표준화 · 보안 · 책임 · 활용 권한을 포괄하는 제도적 틀이다. 디지털 트윈의 지속 가능한 운영을 위한 네 가지 주요 과제는 다음과 같다.

데이터 상호 운용성과 표준화의 필요성

건설 프로젝트는 BIM, IoT, GIS, ERP 등 서로 다른 기술 플랫폼 위에서 방대한 데이터를 생성한다.

BIM은 건물의 형상과 자재 정보를, IoT는 현장의 센서 데이터를, GIS는 도시 공간 좌표 정보를, ERP는 시설 운영 및 관리 정보를 다루지만 이 데이터들은 구조와 형식이 달라 단순 병합으로는 통합이 불가능하다. 이를 해결하기 위해 국제적으로는 상호 운용성 확보를 위한 다음과 같은 표준이 마련되어 있다.

ISO 19650: BIM을 기반으로 한 정보 관리 표준으로, 설계 · 시공 · 운영 단계에서 데이터 교환 규칙을 규정한다.

IFC(Industry Foundation Classes): BIM 객체 간 데이터 호환을 위한 개방형 포맷으로, 설계 소프트웨어 간 모델 교환에 사용된다.

CityGML / LandInfra / GeoBIM: 도시 단위 · 인프라 단위의 3차원 공간 정보를 교환하기 위한 국제 표준 규격이다.

이러한 표준은 디지털 트윈을 구성하는 핵심 기반이지만, 실제 프로젝트에서는 여전히 설계사 · 시공사 · 발주처가 사용하는 플랫폼이 달라 데이터 형식이 제각각이다. 한 회사는 Autodesk Revit 기반 IFC 포맷을, 다른 회사는 Bentley나 ArchiCAD 기반 GDL 포맷을 사용한다면 데이터 변환 과정에서 속성 정보가 손실되거나 좌표 정합 오류가 발생한다.

결국 데이터 상호 운용성 확보는 기술적 문제이자 관리적 과제로 남아 있으며, 이를 해결하기 위한 국가 단위의 표준화 체계가 필수적이다.

데이터 소유권·보안·법적 이슈

디지털 트윈은 다양한 주체가 생산한 데이터를 통합하기 때문에, 데이터의 소유와 책임 문제가 필연적으로 제기된다.

BIM 모델, 드론 영상, 현장 센서 데이터, 장비 로그, 근로자 위치 정보 등은 각기 다른 이해관계자(설계사, 시공사, 발주처, 협력업체)에 의해 생성되며, 그중 일부는 저작권, 영업비밀, 개인정보와 직접적으로 연관된다.

드론 영상에는 인근 건물과 인물의 모습이 포함되어 「개인정보 보호법」 위반 소지가 있으며, 시공 중 사용되는 장비 제어 데이터나 공법 관련 정보는 「산업기술보호법」상 '산업 기밀'로 분류될 수 있다. 따라서 디지털 트윈을 운영하는 과정에서 데이터를 단순 공유하거나 분석용으로 활용할 경우, 법률적 충돌이 발생할 수 있으며, 이에 대한 책임 주체와 권한의 명확화가 필요하다.

이를 해결하기 위해서는 공공 기관과 민간 기업이 공동으로 참여하는 데이터 공유 프로토콜을 마련하고, 각 데이터의 활용 목적 · 보관 기간 · 접근 권한을 명시해야 한다. 특히 공공 프로젝트에서는 발주처가 데이터 관리의 중심이 되어, BIM 및 센서 데이터를 포함한 "디지털 자산"의 소유권을 명확히 규정해야 한다.

국가 단위 거버넌스 구조 구축

디지털 트윈은 개별 건설 현장 수준을 넘어, 국가 인프라 전체를 통합 관리하는 체계로 확장되고 있다. 이 단계에서는 개별 기업의 기술력보다 국가 차원의 데이터 거버넌스가 훨씬 중요해진다.

영국은 2018년부터 Centre for Digital Built Britain (CDBB)을 중심으로 "National Digital Twin Framework(NDTF)"를 추진하고 있다. 이 프레임워크는 공공 인프라 데이터를 표준화하고, 민간 시스템과 상호 연계할 수 있도록 하는 국가 단위 데이터 거버넌스 체계다. NDTF는 "공공 데이터 개방 → 민간 참여 → 데이터 연동 → 정책 피드백"의 순환 구조를 목표로 한다.

우리나라도 "공간 정보 플랫폼 고도화 사업 추진 계획"을 통해 국토의 디지털 트윈 실현을 추진하고 있다. 기존의 공간 정보 오픈 플랫폼인 '브이월드(V-World)'를 중심으로 AI, 클라우드 등 첨단 기술을 적용하여 고정밀 3D 공간 정보의 구축 및 활용을 확대하고, 지하 공간 통합 지도 고도화 등을 추진하고 있다.

지능형 건설 정보 생태계로의 전환

결국 디지털 트윈의 성공 여부는 기술 그 자체보다는 데이터의 신뢰성과 협업 구조에 달려 있다. 아무리 고도화된 AI · BIM 시스템이 도입되어도, 데이터가 부정확하거나 신뢰할 수 없다면 시뮬레이션 결과 또한 왜곡될 수밖에 없다. 따라서 데이터의 품질 관리, 검증, 감사 기능을 내재화한 거버넌스 체계가 병행되어야 한다.

이러한 기반 위에서만 건설 산업은 설계-시공-운영-정책이 하나로 연결된 지능형 정보 생태계로 발전할 수 있으며, 그에 따라 건설 프로젝트의 모든 정보가 ① 표준화된 형식으로 저장되고, ② 공공과 민간이 안전하게 공유하며, ③ AI가 예측 · 분석하여 최적의 결정을 제시하고, ④ 정책 결정자가 다시 그 결과를 피드백 받는 선순환 구조가 작동하게 된다.

참고문헌

Grieves, M. & Vickers, J.(2017). Digital Twin: Mitigating Unpredictable, Undesirable Emergent Behavior in Complex Systems. In Kahlen, F. J. et al.(eds.). *Transdisciplinary Perspectives on Complex Systems*. Springer.

Palley, B. et al.(2025). Integrating Machine Learning and Digital Twins for Enhanced Smart Building Operation and Energy Management: A Systematic Review. *Urban Science, 9*(6).

CDBB. National Digital Twin Programme. https://www.cdbb.cam.ac.uk/what-we-did/national-digital-twin-programme

ISO. https://www.iso.org

VWORLD. https://www.vworld.kr

08
도시와 건축 문화의 변화

데이터와 알고리즘이 도시의 숨결을 형성하고, 기술이 인간의 기억과 문화를 다시 쓰는 새로운 시대가 열린다. 도시가 디지털 트윈과 AI 운영 체계를 통해 스스로 학습하고 작동하는 인텔리전트 시티로 진화함에 따라 기술의 효율성과 인간의 가치, 기억의 다양성이 교차하는 새로운 긴장이 태어나고 있다.

AI와 인재 채용?

인텔리전트 빌딩에서 인텔리전트 시티로-지능의 확장

1980~1990년대에 등장한 인텔리전트 빌딩(Intelligent Building) 개념은 당시로서는 첨단 기술의 상징이었다. 빌딩 자동 제어(BAS), 보안 · 통신 · 에너지 관리 시스템이 하나의 건물 안에서 통합되어 '스스로 관리하는 건물'이라는 비전이 제시되었다.

그러나 오늘날 그 개념은 인텔리전트 시티(Intelligent City) 차원으로 확장 발전되고 있다. 이제는 개별 건물의 에너지 효율이나 편의성만이 아니라, 도시 전체가 하나의 거대한 네트워크로서 상호 학습하고 자율 운영하는 단계로 진입했다.

인텔리전트 빌딩이 "단위 건축물의 지능화"였다면, 인텔리전트 시티는 "도시 생태계 전체의 지능화"다. 빌딩 내 센서가 통신하던 시대에서, 이제는 도시의 교통 · 에너지 · 상하수도 · 환경 · 물류 시스템이 상호 연동하며 집단적 지능(Collective Intelligence)을 형성하고 있다.

그 중심에는 단일 기술이 아닌 데이터의 통합과 알고리즘의 협력이 자리하며, 디지털 트윈을 통해 도시 정보를 실시간으로 시각화하고, 인간이 개입하지 않아도 도시 스스로 분석 → 판단 → 대응하는 순환 구조를 완성한다. 이는 건축과 도시가 더 이상 구분되지 않고, 하나의 유기적 지능체(Organic Intelligence System)로 통합되어가는 흐름이다.

도시 인프라의 통합 지능화

인텔리전트 시티는 에너지, 교통, 물류, 통신, 물관리까지 모든 인프라가 AI · IoT · 클라우드 · 디지털 트윈으로 연결되어 도시 기능을 위한 모든 요소가 도시 운영 체계(Urban OS)를 통해 상호작용한다.

스마트 그리드: 스마트 그리드(Smart Grid)는 전력망에 AI와 IoT를 결합하여, 에너지의 실시간 수요 · 공급 최적화를 수행한다. 건물 · 발전소 · 소비자가 하나의 네트워크로 묶여, 도시 단위에서 탄소 저감형 에너지 순환 체계를 형성한다. 스마트 그리드는 도시 내 분산된 신재생에너지 자원(태양광, 풍력, 수소 연료 전지, 마이크로 수력 등)을 하나의 지능형 전력망으로 통합한다. AI는 각 건물의 전력 사용 데이터를 실시간으로 분석하여 전력 피크 시간대의 부하를 자동 조절하고, 전기차 충전 일정 조정 등을 통해 수요 관리를 수행하며, 잉여 에너지를 인근 구역에 분배한다.

이를 통해 도시는 에너지의 생산과 소비가 동시에 이루어지는 자율적 에너지 생태계로 진화한다.

스마트 워터 네트워크: 스마트 워터 네트워크(Smart Water Network)는 상수 · 하수 · 우수 · 지하수 데이터를 센서와 디지털 트윈으로 통합해 도시의 물순환을 예측적으로 관리하는 지능형 체계다. 수압과 유량 센서, AI 분석을 통해 상 · 하수도 파이프라인의 이상 압력을 조기에 감지하고 누수를 예측한다. 기상과 하천 수위를 실시간 분석해 홍수와 침수를 사전에 경고하고 배수 시스템을 자동 제어한다. 또한 AI는 하수처리수의 품질 데이터를 활용해 농업 · 공원 · 공업용수 등으로 재이용 비율을 조정한다. 이에 따라 도시 내 하수 처리 관리는 폐수 처리에서 자원 관리 개념으로 전환된다.

자율주행 교통 시스템: 자율주행 교통 시스템을 위해서는 V2V(Vehicle-to-Vehicle, 차량 간 통신), V2I(Vehicle-to-Infrastructure, 차량과 도로 인프라 간 통신), V2P(Vehicle-to-Pedestrian, 차량과 보행자 간 통신) 및 V2N(Vehicle-to-Network, 차량과 네트워크 간 통신)을 위한 기술적 · 시설적 기반이 먼저 마련되어야 한다. 위의 기반하에 AI는 도심 혼잡도, 기상, 사고 정보를 분석해 교통 신호를 실시간으로 조정하고, 자율주행 차량의 이동 경로를 재설정한다. 이로써 도시 교통은 자율적 판단 능력을 갖춘 교통 시스템으로 진화한다. 자율주행 시스템은 도시 생활 구조의 재편을 유도한다. 차량이 스스로 이동·대기할 수 있게 되면서 대규모 주차장이 불필요해지고, 도심의 주차 부지는 상업이나 공공 공간으로 전환될 수 있다. 또한 군집 주행(Platooning)을 통한 정밀한 이동이 가능해져 차선폭과 교차로 설계가 단순화되고 도로 점유율이 줄어든다. 자율주행 화물차와 드론 물류의 결합은 물류비용을 급감시키고 생산과 소비의 공간적 거리감을 줄이며, 개인 차량 중심의 이동 패턴은 모빌리티 서비스(MaaS, Mobility as a Service) 중심으로 전환된다.

자동 물류 시스템(Smart Logistics): AI는 물류 센터, 도로망, 상권, 소비 데이터를 통합 분석하여 수송 경로·시간·에너지의 자동 최적화를 수행한다. 드론·로봇 기반의 배송 시스템은 도시의 3차원 공간을 활용하며, 물류는 공중과 지하를 포함한 입체적 네트워크로 확장된다. AI가 교통 데이터와 연계하여 차량 흐름을 제어하고, 물류의 수요를 예측해 재고를 자동 분산함으로써, 도시는 정체 없는 물류 순환 체계를 갖춘다.

도시의 새로운 작동 원리-데이터로 움직이는 도시 생태계

인공지능 시대의 도시는 단순한 물리적 공간이 아니다. AI, IoT, 클라우드, 디지털 트윈이 결합한 도시 운영 체계는 도시를 '살아 움직이는 유기체'로 변모시킨다.

건축물과 사회 기반 시설은 고정된 구조물이 아니라, 지속적으로 환경과 사람의 움직임과 흐름에 반응하는 인터랙티브 시스템이다. 도시 전역에 내장된 센서와 네트워크는 교통, 에너지, 환경, 보건, 치안 등 다양한 기능이 하나의 데이터 플랫폼으로 통합된다. AI는 이 플랫폼의 데이터를 분석하여 도시의 리듬, 흐름, 패턴을 학습하고, 도시가 스스로 사고하고 판단하는 지능형 생태계를 가능하게 한다.

건설 구조물은 데이터 네트워크의 일부로서 도시의 인프라와 상호작용하는 노드(node)가 된다. 즉, 도시 작동 기반이 '물리적 인프라'에서 '데이터 인프라'로 이동한다.

알고리즘이 설계하는 사회

AI가 도시의 설계와 운영에 개입하면서, 공간은 점차 알고리즘적 질서에 따라 재편되고 있다.

교통 신호의 제어, 에너지 배분, 보행자 동선 관리, 상권 분석, 쓰레기 수거, 범죄 예측까지, 이제 도시의 거의 모든 운영 요소가 데이터 기반 최적화 모델에 의해 자동으로 조정된다. 이는 도시를 효율적으로 만들지만, 동시에 도시의 '의사 결정 주체'가 인간에서 기계로 이동하고 있다는 철학적 긴장을 내포한다.

AI는 도시 전체를 하나의 시뮬레이션 공간으로 인식한다. 교통 분야에서는 AI가 수백만 대의 차량 데이터를 실시간 분석해 신호 체계 · 도로 흐름 · 주차 정책을 자동 최적화한다. 상업 분야에서는 유동 인구와 소비 패턴을 학습하여 상권의 입지, 점포의 배치, 임대료 구조를 재조정한다. 또한 환경 데이터와 건축 정보를 결합하여, 에너지 효율을 높이거나 건물의 밀도를 자동으로 계산하는 AI 기반 도시 계획 플랫폼도 등장한다. 그러나 이러한 시스템은 효율을 극대화하기 위해 종종 인간의 감성적 경험이나 사회적 약자의 권리를 간과한다.

예컨대 AI가 "교통 효율 극대화"를 목표로 도로 공간을 재배치한다면, 보행자 도로나 자전거 도로가 축소될 수 있다. 알고리즘은 효율적으로 '정체 감소'라는 목표를 달성하겠지만, 그 결과는 인간 중심 도시 문화와 충돌하게 된다. 상권 최적화 알고리즘이 수익성이 낮은 지역을 '비효율적'이라 판단하면, 소상공인이나 지역 커뮤니티의 생태가 소멸될 위험도 있다.

이처럼 AI의 효율성 논리가 인간의 다양성, 관계, 감정이 담긴 사회적 맥락(social context)을 대체할 때, 도시는 더 이상 삶의 무대가 아니라 계산 가능한 시스템으로 변질될 수 있다.

따라서 AI 시대의 도시 설계는 기술의 논리를 넘어 윤리적 · 포용적 알고리즘 디자인으로 전환되어야 한다. AI가 제안하는 도시 계획은 단순히 '최적화'가 아니라 사회적 공정성, 접근성, 인간 경험의 다양성을 함께 고려해야 한다. 예를 들어, 보행자 도로와 교통 흐름의 균형을 결정할 때, AI는 '시간 단축'뿐 아니라 공공성 · 환경성 · 시민의 정서적 만족도까지 복합적으로 평가하는 멀티크리테리아(Multi-Criteria) 기반의 설계 알고리즘을 적용해야 한다.

AI는 도시의 질서를 예측하고 시뮬레이션할 수 있는 강력한 도구이지만, 그 질서가 인간의 감성 · 기억 · 서사를 품을 수 있을지는 별개의 문제다.

AI가 설계하는 도시는 효율적일 수 있지만, 그 도시가 인간의 존엄과 다양성을 보존하는 방향으로 작동하지 않는다면 그것은 진정한 발전이라 할 수 없다.

따라서 미래의 도시는 "데이터로 구성된 구조물"이 아니라, 여전히 기술과 문화가 공존하고 사람의 이야기가

흐르는 장소, 즉 '살아 있는 인간적 도시'로서의 의미를 회복해야 한다. 도시의 본질은 데이터의 집합이 아니라 사람의 삶이 축적된 시간적 · 문화적 총체이기 때문이다.

도시의 기억과 디지털 헤리티지

디지털 기술이 바꾸는 기억의 방식

AI와 디지털 트윈 기술은 도시의 과거를 보존하는 방식을 근본적으로 바꾸고 있다.

과거에는 건축물과 도시 공간의 기억이 사진, 도면, 문헌 기록에 의존했지만, 이제는 3D 스캐닝, LiDAR, 드론 영상, 위성 데이터 등을 통해 도시 전체가 정밀한 디지털 복제체(Digital Replica)로 남는다.

이 복제는 단순한 시각적 기록이 아니라, 공간의 물리적 구조 · 사용 행태 · 시간적 변화를 모두 데이터화한 '살아있는 유산'의 형태다.

AI는 이러한 데이터로부터 풍화 · 습도 · 진동 등 환경 요소를 분석해 문화재의 구조적 안정성 평가와 보수 시점 예측을 보조할 수 있으며, 기후 변화로 인한 침수 위험, 관광객 동선, 미세 진동에 따른 균열 가능성 등도 시뮬레이션을 통해 예측 · 관리할 수 있다. 이 기술은 문화

유산의 예측적 유지 관리를 가능하게 하며, 도시의 기억을 과학적으로 기록 · 보존하는 기반이 된다.

디지털 헤리티지의 실물 복원 기여-노트르담 대성당 사례

디지털 헤리티지는 실제 문화재 복원에도 활용되고 있다. 그 대표적 사례가 2019년 화재 이후의 노트르담 대성당 복원 프로젝트다.

프랑스 정부는 고(故) 앤드루 탤런(Andrew Tallon) 교수가 남긴 정밀 레이저 스캔 데이터(3D 점군 모델)를 기반으로 대성당의 BIM 모델을 구축하였다. 이 BIM 모델은 손상 부위 분석, 재료 배치, 구조 안정성 검증에 사용되었으며, 복원 과정에는 디지털 시뮬레이션 기술이 핵심적으로 활용되었다. 또한 일부 단계에서는 AI 기반 이미지 분석이 손상 판독에 보조적으로 사용되었다.

이 복원은 완전한 실시간 디지털 트윈은 아니지만, BIM 기반 디지털 복원 시스템으로서 문화유산 보존에 디지털 기술이 실질적으로 기여한 대표적인 사례로 평가된다.

기억의 재구성과 새로운 가능성

AI는 데이터에 기반해 과거를 재구성한다. 그러나 수집되는 데이터가 한정적이거나 편향되어 있다면, AI가 복원하는 과거는 전체의 진실이 아닌 선택된 기억이 될 수 있다. 예를 들어, 도시의 중심부나 유명 유적만 정밀하게 기록되고, 빈민가와 주변부는 데이터로 남지 않는다면 AI가 재현하는 도시는 권력과 자본이 선호한 과거의 단면이 될 가능성이 크다. 사실 역사 기록과 문화유산 보존은 언제나 선택의 과정이었다. 자원의 한계와 인식의 편향 속에서 무엇을 기록하고 남길지가 사회적 가치 판단과 권력 구조의 영향을 받아왔으며, 공식 기록은 주로 지배층과 승리자의 관점에서 서술되고, 서민과 여성, 소수 집단의 삶은 주변으로 밀려났다.

이러한 선택적 편향은 디지털 시대에도 반복될 수 있으며, 디지털 헤리티지는 그 문제를 새로운 차원에서 증폭시킬 위험을 내포한다. 대규모 3D 스캔과 AI 분석이 편향된 데이터를 빠르게 확산시켜 이를 디지털 표준으로 고착화할 수 있고, 레이저 스캔 기반의 모델이 객관적 사실이라는 인상을 주어 기록되지 않은 유산의 가치를 더욱 약화시킬 수 있다. 또한 디지털 데이터는 복제와 저장이 용이해 반영구적으로 남기 때문에, 초기 단계에서 누락된 기억은 미래 세대에까지 회복 불가능한 공백으로 이어질 수 있다.

그러나 이러한 문제의식은 디지털 헤리티지를 더 포용적이고 확장된 기억 체계로 발전시킬 동력으로 작용할 수 있다. AI는 기존 기록에서 배제된 지역과 집단의 데이터를 새롭게 수집하고, 구전 · 사진 · 생활 기록 등 비공식적 자료를 학습하여 다층적 기억을 복원하는 도구로 활용될 수 있다. 시민이 직접 참여해 데이터를 제공하고 기록하는 참여형 헤리티지는 데이터의 구축과 해석 과정에서 발생할 수 있는 편향을 완화할 수 있다.

결국 디지털 헤리티지의 방향은 "무엇을 잃을 것인가"가 아니라 "어떻게 더 많은 기억을 포용할 것인가"에 달려 있다. 기술이 인간의 선택을 대신하는 것이 아니라, 잊혀진 기억을 다시 불러내는 도구로 쓰일 때, AI와 디지털 트윈은 도시의 과거를 더 넓고 풍요롭게 이어주는 새로운 기억의 언어가 될 것이다.

참고문헌

김승래·이윤환(2019). "스마트시티 구축에 관한 정책과 법제연구". 《법학연구》, 19(4).

정영재(2024). "건설 산업에서의 인공지능(AI) 기술 활용 동향". 《KDB Report》.

Batty, M.(2018). Digital twins. *Environment and Planning B: Urban Analytics and City Science*. *45*(5).

09

AI의 제도적 수용과 정책 과제

건설 산업은 기술과 법, 혁신과 규범이 조화를 이루는 새로운 제도적 전환의 시점에 서 있다. 건설 산업에서 AI를 제도적으로 수용하기 위한 법 · 정책적 대응 과제를 검토하고, 데이터 거버넌스 · 규제 정비 · ESG 경영의 통합적 제도화 방향을 모색해야 한다.

AI와 기자?

기술 혁신과 법령 정비

기술 발전 성과의 제도적 수용

현실의 법령은 기술 발전의 속도를 따르지 못한다. 기존의 건설 관련 법체계는 설계 도면, 시공 기록, 품질 검사, 감독 보고서 등 문서 중심 행정 체계를 전제로 설계되어 있다. 그러나 오늘날 건설 현장은 BIM · IoT · AI · 클라우드 기반의 데이터 행정 체계로 전환되고 있다.

디지털 트윈 기반의 시공 기록이나 AI 분석 결과는 실제 현장 관리에 사용되고 있지만, 현행 「건설기술진흥법」이나 「건축법」상으로 이들은 여전히 비공식 참고자료로 취급된다. AI가 생성한 공정 예측 보고서나 위험도 지도(Risk Map)는 관리자의 의사 결정에 실질적으로 활용되고 있음에도, 법적 효력이나 책임 소재가 불명확하다.

그러나 법은 본질적으로 급격한 변화보다는 안정성과 예측 가능성을 중시하는 영역이다. 법령은 사회 구성원 모두의 권리와 의무를 규율해야 하며, 행정의 일관성과 실무의 신뢰성을 유지해야 한다. 이러한 이유로 제도는 기술의 발전 속도를 곧바로 따라가기 어렵지만, 동시에 변화된 기술 환경을 점진적으로 수용하면서 법적 안정성과 혁신 간의 균형을 모색해야 한다.

비교적 쉽게 법령에 수용할 수 있는 사항으로는 디지털 문서의 법적 효력 인정과 데이터 표준화 제도화를 들 수 있다.

우선 「건설기술진흥법 시행규칙」상 시공 기록 · 감리 보고서 · 품질 검사 등의 제출 형식을 전자문서 · BIM 데이터 등 디지털 형식으로 확대 인정하는 것이다. 이는 기존 문서 행정 체계의 틀을 유지하면서도, 기술적 실무 현실을 반영할 수 있어 가장 현실적인 개정 방향이다.

또한 「국가공간정보 기본법」이나 「건설기술진흥법」과 연계하여 BIM · 디지털 트윈 데이터의 표준화 및 인증 제도를 마련하면, 민간과 공공이 동일 기준의 데이터를 활용할 수 있다.

아울러 공공 발주 사업에서 '디지털 납품(Digital Delivery)' 제도를 도입해 설계 도면 · 시공 기록 · 검사 자료를 통합 데이터 형식으로 제출하도록 하면, 법 개정 없이도 행정 규칙 수준에서 실질적인 디지털 행정이 가능하다.

이러한 조치는 복잡한 법리 논쟁이나 대규모 제도 개편 없이도 즉시 시행할 수 있는 점진적 제도 수용 과정이 될 수 있다.

건설 산업 데이터의 중첩 규제 정비

데이터 기반 관리가 확산되면서 건설 산업에서 생성·활용되는 데이터가 「개인정보보호법」, 「부정경쟁방지 및 영업비밀보호에 관한 법률(부정경쟁방지법)」, 「하도급 거래 공정화에 관한 법률(하도급법)」, 「공공데이터의 제공 및 이용 활성화에 관한 법률(공공데이터법)」 등 여러 법률의 적용을 동시에 받게 되어, 규제의 경계가 점차 모호해지고 있다.

AI 학습에 활용되는 작업자 위치 정보·심박수·체온 등 생체 데이터는 개인정보보호법의 적용 대상이며, 이는 안전 관리나 피로도 예측 알고리즘 개발에 중요한 데이터임에도 활용에 제약이 따른다. 장비 운용 로그, 재료 배합 비율, 공정 스케줄링 등은 기업의 핵심 노하우로서 부정경쟁방지법상 '영업비밀'이 될 수 있고, 하도급 시공이 이루어지는 경우에는 하도급법에서 보호하는 '기술 자료'로 간주될 수 있다. 또한 공공 발주 사업에서 구축된 디지털 트윈 모델이나 BIM 데이터는 공공사업의 결과물로서 공공데이터법의 규율을 받을 수 있다.

하나의 데이터가 서로 다른 법률에 의해 중복 규제될 수 있는 구조는 데이터 활용의 법적 부담을 가중시킨다. 예컨대, 공공 발주 사업의 디지털 트윈 모델을 민간 기업이 연구용으로 활용하려면 개인정보보호법상 익명화 절차를 거쳐야 하고, 동시에 영업비밀보호 규정상 외부 제공이 제한되며, 공공데이터법상 개방 절차를 별도로 이행해야 한다. 이러한 복잡한 절차는 데이터 활용 비용과 행정 부담을 증가시키고, 결과적으로 기술 혁신의 속도를 늦추며 사업자와 기관의 법적 불확실성을 확대시킨다.

법체계의 경직성이 혁신을 지연시키는 결과는 지양해야 한다. 각 법률의 규제 목적을 조정하고, 데이터의 보호와 활용을 조화시키며, 데이터의 생애 주기(생성 · 활용 · 저장 · 폐기) 전반에 걸쳐 보호와 활용의 기준을 일관성 있게 적용하는 통합적 건설 데이터 법체계 구축이 필요하다.

데이터 거버넌스와 법제 정비

건설 산업 관리의 디지털 전환의 핵심은 데이터의 신뢰성이다. 데이터가 신뢰받기 위해서는 품질 관리, 표준화, 소유권, 책임 구조가 명확히 정립되어야 한다.

이를 위해 국가 차원에서 통합적인 데이터 거버넌스 법제 구축이 필수적이다. 현재 국내에서는 국토교통부의 '디지털 트윈 국토 정책'이 추진 중이고, 「데이터 산업

진흥 및 이용촉진에 관한 기본법(데이터 기본법)」, 데이터 3법(「개인정보보호법」, 「정보통신망 이용촉진 및 정보보호 등에 관한 법률」 및 「신용정보의 이용 및 보호에 관한 법률」) 등이 병렬적으로 존재하지만, 부처 간 통합 체계가 부재하다.

건설 분야에서는 다음과 같은 세 가지 법제 정비가 필요하다.

데이터 표준화 법제화: BIM, IoT, GIS 데이터를 상호 운용 가능한 공공 표준으로 통합하기 위해 ISO 19650, IFC, CityGML 등의 국제 표준을 국내 법령에서 명시적으로 채택해야 한다.

데이터의 권리 귀속 및 이용권 명문화: 공공사업에서 생성된 BIM · 센서 데이터의 법적 소유 주체를 명확히 하고, 민간 사업자는 데이터 활용의 범위를 계약상 명시하도록 표준계약서를 제도화할 필요가 있다.

AI 의사 결정의 법적 효력 규정: AI 기반 공정 예측 · 위험 분석 결과를 '참고자료'가 아닌 '행정적 판단의 근거 자료'로 인정하는 규정 마련이 필요하다.

이는 향후 「건설기술진흥법」, 「산업안전보건법」, 「인공지능 발전과 신뢰 기반 조성 등에 관한 기본법(AI 기본법)」 등의 개정 사항으로 논의될 수 있다.

이 밖에 데이터 보안 측면에서는 국가 인프라 정보의 보호 등급제를 마련하여, 민감한 디지털 트윈 데이터의 접근 권한을 단계별로 관리해야 한다. 이것은 향후 공공시설 · 스마트시티 관리에서 사이버 안전과 산업 보안의 결합 모델로 발전할 수 있다.

결론적으로, 건설 산업 데이터 거버넌스 법제는 데이터의 '개방 및 공유'를 추구하는 공공 데이터 법제와 '보호 및 독점'을 추구하는 산업 기밀 법제(영업비밀, 개인정보) 간의 상충점을 해소하고, 데이터의 공익적 활용에 대한 면책 요건 및 책임 한계를 명확히 규정하는 통합적 접근을 통해 구축되어야 한다.

ESG·안전·책임 경영의 제도적 연계

AI와 디지털 트윈 기술은 기업의 지속 가능 경영(ESG)과 책임 경영(Governance)의 핵심 지표로 활용될 수 있다. AI 기반 안전 관리, 환경 데이터 공개, 탄소 배출 모니터링 등은 이미 ESG 보고서의 'S(사회)'와 'E(환경)' 항목에 반영되고 있으며, 이는 국내 법률에서도 지원 근거를 찾을 수 있다.

특히 2022년 시행된 「중대재해처벌법」과 「산업안전보건법」은 경영층의 산업안전 관리 의무를 강화하면서, AI 및 디지털 시스템을 활용한 산업 재해 예방 및 데이터 기록의 법적 근거를 제공한다. AI는 현장의 위험 데이터를 실시간 기록 · 보관하여 경영 책임자가 '지속적 관리 · 감독'을 이행했음을 입증할 수 있는 증거로 활용될 수 있으며, 이는 「건설기술진흥법」상의 공정 관리 및 품질관리 체계와도 연계될 수 있다.

환경(E) 측면에서는 「기후 위기 대응을 위한 탄소 중립 · 녹색 성장 기본법(탄소중립기본법)」과 「녹색건축물 조성 지원법(녹색건축법)」이 ESG 경영의 기반이 된다. 이들 법은 기업과 지자체에 탄소 중립 목표 및 탄소 감축 계획 수립 의무를 부과하고, 건축물 생애 주기(LCA) 전반에 걸친 에너지 효율 향상과 탄소 배출 저감을 정책적으로 지원한다. 디지털 트윈을 활용한 자재 · 에너지 관리 및 건물 에너지 정보시스템은 이러한 법적 기준에 부합하며, 국가 탄소 감축 목표(NDC) 달성의 실질적 도구로 활용될 수 있다. 또한 「순환 경제 사회 전환 촉진법(순환경제사회법)」과 「건설 폐기물의 재활용 촉진에 관한 법률(건설폐기물법)」은 건설 현장에서 AI 기반 폐기물 관리 및 재자원화 시스템을 도입할 수 있는 제도적 근거를 제시한다.

사회(S) 측면에서는 노동 안전과 공정 거래가 핵심이다. 「건설산업기본법」, 「건설기술진흥법」, 「하도급법」은 노동자 안전 · 권익 보호 및 공정한 하도급 관계를 규율함으로써 기업의 사회적 책임(CSR)을 구체화한다. AI 기반 안전 모니터링과 데이터 기반 공정 평가 체계는 이들 법의 집행 효율을 높이는 방향으로 활용될 수 있다.

지배 구조(G) 측면에서는 「자본시장과 금융투자업에 관한 법률(자본시장법)」과 「독점규제 및 공정거래에 관한 법률(공정거래법)」을 통해 기업의 투명성 및 공시 의무가 강화되고 있으며, ESG 공시 및 지속 가능 보고서 제도가 단계적으로 의무화되고 있다. 특히 2026년 이후 자산 2조 원 이상 상장사는 지속 가능 보고서 제출이 의무화되고(당초 2025년에서 연기), 2030년에는 모든 코스피 상장사로 확대될 예정이다. 이는 AI 기반 데이터 관리 시스템을 통해 ESG 성과를 객관적으로 측정 · 보고하는 체계의 도입을 촉진한다.

이러한 법적 기반을 바탕으로 구축될 수 있는 'AI 기반 ESG 거버넌스 모델'은 다음 세 가지 원칙을 갖는다.

데이터 투명성(Transparency): 현장 정보와 환경 · 안전 데이터를 디지털 트윈 플랫폼에서 공개 · 검증 가능하게 할 것.

책임 추적성(Accountability): AI가 기록한 데이터의 발생 주체, 시간, 조치 내역을 추적 가능하게 할 것.

규제 연계성(Compliance): ESG · 안전 · 품질 · 환경 관련 법제 간의 상호 연계를 통해 법적 책임과 행동 기준을 명확히 할 것.

AI 기반 ESG 거버넌스 모델은 기업의 사회적 책임을 위한 데이터 기반 행동 규범이 된다. AI 기술을 활용한 지속 가능 경영은 「탄소중립기본법」의 환경 목표, 「중대재해처벌법」의 사회적 책임, 그리고 「자본시장법」의 지배 구조 투명성 요구를 통합적으로 지원하는 방향으로 진화하도록 이끈다.

참고문헌

김승래·이윤환(2019). "스마트시티 구축에 관한 정책과 법제연구". 《법학연구》, 19(4).

이지혜(2024). "건설업 ESG 확산과 기업 거버넌스 대응 방향". 한국건설 산업연구원.

Kitchin, R.(2021). *Data Lives: How Data Are Made and Shape Our World*. Bristol University Press.

10
AI 시대 건설 산업의 미래상

AI가 설계하고 로봇이 시공하는 시대, 건설 산업은 지능형 생태 산업으로 진화한다. 그러나 그 진화의 조건은 '책임의 구조를 명확히 하고 데이터의 공정성과 판단의 투명성을 확보하는 제도적 기반'의 마련이다.

AI와 미래 의사?

지능화된 산업 구조와 노동의 재편

2050년, 건설 산업은 더 이상 "현장 산업"이라 불리지 않는다. 한 세대 전만 해도 건설은 현장에서 인력과 장비가 흙먼지와 함께 뒤섞인 대표적인 노동 집약적 산업이었다. 그러나 이제 대부분의 건설 프로젝트는 클라우드 기반의 디지털 트윈 플랫폼 위에서 설계 · 시공 · 운영이 통합적으로 관리된다.

건설 현장은 실제 장소이면서 동시에 거대한 데이터 허브이며, 건설 노동자는 물리적 작업자이자 정보 노동자로 존재한다.

지능화된 산업 구조

2050년, 건설 산업은 완전한 지능형 생태계로 진화하였다. 각 건설 프로젝트는 수천 개의 IoT 센서와 드론, 자율장비, AI 시뮬레이터를 통해 실시간으로 운영된다. 프로젝트 관리자는 더 이상 현장을 돌며 보고서를 작성하지 않는다. AI 관리자가 BIM · GIS · 기상 · 물류 데이터를 통합 분석해, 작업 순서 · 장비 배치 · 자재 공급 시점을 초 단위로 조정한다. 그 결과 공정 지연율은 0.5% 미만으로 줄었으며, 불필요한 재료 낭비도 거의 사라졌다.

건설 프로젝트의 절반 이상은 국경을 초월한 분산 협

업 시스템에서 수행되고 있다. AI 기반 설계 플랫폼은 전 세계 설계자, 엔지니어, 시공 관리자가 동시에 접속해 언어 · 단위 · 코드의 차이를 실시간으로 변환하고 조율한다.

프로젝트의 실행은 로컬 현장에서 이루어지지만, 관리와 의사 결정은 가상 건설 본부(Virtual Command Center)에서 이뤄진다. 그곳에는 로봇 제어 전문가, 데이터 과학자, 환경 분석가, 그리고 AI 윤리 관리자가 한 팀으로 일한다.

이처럼 건설 산업은 장소 중심의 산업에서 네트워크 중심의 산업으로 변모했다. 건설 노동은 현장에서 벽돌을 쌓는 행위가 아니라, AI의 결정을 승인하고 로봇의 작업을 감독하는 행위로 바뀌었다.

노동의 재편

2050년, 건설 현장에서는 로봇이 '짓고', 인간은 '조율한다'. 자율형 장비가 골조를 세우고, 로봇팔이 마감 공정을 처리하며, 드론이 고층 외벽을 검사한다. 하지만 이들을 지휘하고 상황을 판단하는 것은 여전히 사람이다.

AI가 탑재된 로봇은 협력자(Co-Worker)다. 위험한 작업이나 반복적 업무를 자동으로 수행하지만, 동시에 인간의 의도를 학습하고 윤리적 판단의 기준을 반영한다. AI는 인간의 결정을 보조하면서도, 인간의 실수를 예방하는 동반자로 기능한다.

인간의 노동은 '물리적 수행'에서 '인지적 운영'으로 전환되었다. 현장 인력의 70% 이상이 AI 운영자(AI Operator) 또는 시스템 감독자(System Supervisor)로 구성되고, 그들의 주요 업무는 알고리즘이 제시한 판단을 검토하고, 윤리적 · 사회적 판단이 필요한 상황에서 "중지 명령"을 내리는 것이다.

과거의 숙련공은 육안과 손끝의 감각으로 콘크리트의 반죽 질기(consistency)를 판단했지만, 이제는 센서 데이터를 읽고 AI의 판단이 신뢰 가능한지 판단하는 "디지털 숙련공"이 되었다.

AI 시대의 교육 혁신과 전문직의 재구성

2050년, 건축 공학과 토목 공학, 기계 공학, 컴퓨터 공학은 더 이상 구분되지 않는다. 대학의 건설 관련 학과들은 "건설 시스템 공학"이라는 이름으로 통합되었고, 학생들은 설계 · 시공 · 운영을 구분하지 않고 데이터 기반의 건설 전주기(全周期)를 학습한다. 공학도들에게는 경영, 철학, 법학, 환경, 사회학적 소양도 요구된다. 건설 산업의 전문직에 그러한 소양이 요구되기 때문이다.

교육의 전환- 도면에서 데이터로 계산에서 사고로

한 세대 전, 학생들은 CAD나 BIM 모델을 배우며 도면을 그리고 구조를 계산했다. 그러나 2050년의 학생들은 더 이상 도면을 '그리지' 않는다. AI 설계 보조 시스템이 공간적 요구, 구조적 안정성, 에너지 효율을 동시에 고려한 설계안을 자동 생성하기 때문이다.

이제 학생들은 그 결과물을 단순히 검토하는 데 그치지 않고, AI가 제시한 수치와 모델의 논리를 해석하고, 기술이 반영하지 못한 사회적 맥락과 인간적 가치를 사고하는 법을 배운다. AI가 제시한 설계안을 그대로 수용하는 것이 아니라, 그 설계안이 인간과 사회, 환경 속에서 어떤 가치를 형성하는지를 성찰한다. 주어진 문제를 푸는 법을 배우던 교육에서, 이제는 AI가 풀어놓은 해답의 의미를 다시 묻고, 그 해답이 지닌 맥락을 재정의하고, 다시 지시하여 더 나은 결과를 도출해 내는 과정을 학습하는 교육으로 이동한 것이다. AI가 모든 계산을 수행하는 시대일수록, 인간은 계산의 결과 속에서 새로운 질문을 던지고 의미를 설계하는 존재가 되어야 하기 때문이다.

교수는 AI와 학생 사이의 사고 대화를 조율하는 지적

촉매자가 된다. 그는 단순한 지식의 전달자가 아니며 학생이 정답을 찾기보다 무엇을 문제로 삼아야 하는지를 스스로 묻도록 돕는 역할을 한다. AI가 도출한 설계안이나 계산 결과에 대한 비판적 검토를 위한 다양한 관점을 제시하고, 기술이 놓친 사회적 · 윤리적 의미를 찾아내도록 지도한다.

이러한 교육에서 AI는 학습 보조자이자 동료로 기능한다. AI 튜터는 학생의 사고 과정과 학습 패턴을 실시간으로 관찰하고 분석하여 부족한 역량을 보완하고, 과제 주제와 학습 속도에 맞춰 개별화된 커리큘럼을 제시하는 '지능형 멘토'로 작동한다.

AI가 모든 계산을 대신하는 시대일수록, 인간은 "왜"라는 질문을 던질 수 있어야 한다. 학생들은 코딩 언어보다 논리와 윤리를 배우고, 설계 알고리즘보다 공공적 상상력을 익힌다. 이제 대학의 교훈은 단순히 "기술 혁신"이 아니라 "가치 혁신"이다.

전문직의 재구성-설계자, 기술자, 관리자에서 '통합 해석가'로

AI가 대부분의 설계 · 계산 · 공정 계획을 수행하는 시대에, 인간 전문가의 역할은 '기술 수행자'에서 '통합 해석자'로 변화했다.

2050년의 건설 프로젝트에는 여전히 건축가와 엔지니어가 존재하지만, 그들의 정체성은 '공간 알고리즘 디자이너(Spatial Algorithm Designer)', '건설 데이터 큐레이터(Construction Data Curator)', 'AI 공정 관리자(AI Process Supervisor)'로 변모하였다.

이러한 전문가는 더 이상 하나의 기술 영역에 머물지 않는다. 데이터 해석 능력과 공정 관리 역량은 물론, 경영적 사고, 법적 이해, 환경적 감수성, 사회학적 통찰, 그리고 철학적 성찰 능력이 필수적이다. AI가 효율과 속도를 보장하는 시대일수록, 인간은 기술의 사회적 영향과 윤리적 책임을 읽어낼 수 있어야 하기 때문이다.

즉, 2050년의 건설 전문직은 알고리즘을 다루는 기술자이면서 동시에 기술이 사회와 인간에 미치는 의미를 판단하는 사상가이기도 하다.

프로젝트의 모든 의사 결정은 다학제 팀이 AI와 함께 진행하는 "공유형 설계" 형태로 이뤄진다. AI가 분석과 최적화를 담당하면, 전문가는 윤리적 판단과 사회적 책임의 경계를 관리한다.

따라서 건설 전문직의 본질은 더 이상 기술의 주도권에 있지 않다. 그것은 기술의 결과를 해석하고, 그로부터 사회적 합리성과 인간적 가치를 도출해 내는 판단의 영역으로 이동하였다. 2050년의 건설 전문가는 계산된 결과의 승인자일 뿐만 아니라 기술과 인간, 공간과 사회를 연결하는 해석자이자 중재자다.

미래상의 실현을 위한 조건

책임 구조의 명확화-투명성과 판단의 제도화

AI가 건설 현장에 깊숙이 들어올수록 "책임"의 문제는 점점 더 복잡해진다. AI가 도면을 생성하고, 공정 일정을 조정하며, 안전 경고를 내리는 시대에 사고가 발생한다면, 그 결과에 대한 법적 책임은 누구에게 있는가? AI 개발자인가, 시스템을 운용한 관리자일까, 아니면 최종 결정을 승인한 전문가일까?

이 문제는 단순히 법적 논쟁을 넘어 산업의 신뢰를 유지하기 위한 핵심 과제다. AI는 사람의 판단을 돕기 위한 도구이지, 책임을 분산시키는 방패가 되어서는 안 된다. 그렇다고 누군가에게 책임을 떠넘겨서도 안 된다.

따라서 첫째, AI의 의사 결정 과정이 투명해야 한다. AI가 어떤 근거로 판단을 내렸는지 추적 가능한 '설명 가능성(Explainability)'이 확보되어야 하며, 이는 설계 도면과 동일한 수준으로 기록 · 보존되어야 한다. 나아가

'AI 판단 로그(AI Decision Log)'는 전문가가 AI의 결정을 신뢰하거나 반려할 수 있는 판단 근거로 활용되어야 한다. AI의 판단 과정을 '블랙박스'로 두는 한, 그 결과에 대한 사회적 신뢰는 형성될 수 없다. AI 판단의 '설명 가능성'은 기술적 기능이 아니라, 법적 책임과 윤리적 판단을 연결하는 투명성의 인프라로 이해되어야 한다.

둘째, 최종 판단의 책임 주체는 언제나 인간이어야 한다. AI가 생성한 결과물을 채택하거나 수정하는 과정에서 인간 전문가의 승인 절차가 반드시 포함되어야 하며, 이 승인 행위가 법적 책임의 기준점이 되어야 한다. 그러나 전문가에게 법적 책임을 전가하자는 뜻이 아니다. AI가 생성한 결과물을 채택하거나 수정하는 과정에서 인간 전문가의 승인 절차와 판단 과정이 체계적으로 기록 · 관리된다면, 그 결정이 충분히 합리적 근거와 윤리적 검토를 거친 것으로 인정되어야 한다. 즉, 결과에 문제가 있더라도 판단 절차의 투명성과 사고 과정의 정당성이 입증된다면 면책이 가능해야 한다. 이러한 법적 구조가 마련되어야 AI를 적극적으로 활용할 수 있다.

셋째, 데이터의 신뢰성과 품질을 보증하는 제도가 필요하다. AI가 판단을 내리는 근거가 데이터라면, 부정확하거나 편향된 데이터는 잘못된 결론으로 이어질 수 있다. 이를 방지하기 위해 국가 단위의 건설 데이터 인증 체계와 표준화된 검증 절차가 마련되어야 한다.

요컨대, AI 시대의 건설 산업에서 중요한 것은 기술이 아니라 책임의 구조를 명확히 재편하는 일이다. AI는 책임을 나누는 도구가 아니라, 책임을 더 정교하게 수행하기 위한 파트너가 되어야 한다. 기술이 산업의 속도를 높이는 동안, 제도와 윤리는 그 속도에 방향을 부여한다.

지속 가능한 산업 생태계의 조건-공정성과 투명성의 거버넌스

AI의 도입은 안전과 효율성을 강화하기 위한 것이지만, 그 목표가 실현되기 위해서는 기술의 속도보다 가치의 방향을 설계하는 제도적 거버넌스가 먼저 확립되어야 한다.

AI가 에너지 효율을 최적화하고, 탄소 배출을 실시간으로 모니터링하며, 재료의 순환 경제를 촉진할 수 있다면, 기술의 역할은 분명 긍정적이다. 그러나 지속 가능성을 진정으로 달성하기 위해서는 다음의 세 가지 조건이 함께 충족되어야 한다.

데이터 접근의 공정성

기술의 혜택이 일부 대기업이나 특정 기관에 집중되지

않도록, 공공 발주와 민간 프로젝트 모두에 공정한 데이터 이용 권한을 보장해야 한다. AI의 성능은 결국 데이터의 양과 질에 의해 결정되므로, 데이터의 독점은 산업 전체의 혁신 속도를 늦추고 기술 격차를 심화시킨다. 따라서 데이터는 경쟁의 수단이 아니라 공동의 인프라로 관리되어야 한다.

공공 기관이 축적한 BIM, 공정, 재료, 안전 관련 데이터를 개방형 표준(Open Standard) 형태로 공유하고, 중소 건설사와 스타트업이 이를 자유롭게 활용할 수 있도록 국가 차원의 건설 데이터 플랫폼을 구축해야 한다.

또한 데이터 접근 권한을 단순히 기술적 문제로 보지 않고, 공정 경쟁, 윤리, 산업 생태계의 다양성 보장이라는 가치 문제로 인식해야 한다. 데이터 접근의 투명성과 형평성이 확보될 때 비로소 AI는 특정 기업의 전유물이 아닌, 산업 전체의 공공 자산으로 기능할 수 있다.

사회적 비용의 정의로운 분담

AI 기술의 도입과 운용에 따른 비용이 하도급 업체나 현장 노동자에게 전가되지 않도록, 공정한 계약 구조와 보상 체계가 마련되어야 한다.

기술 혁신의 이익이 산업 전체에 확산되기 위해서는,

계약 단계에서 AI 활용 비용을 명확히 항목화하고, 그 사용 목적과 책임 주체를 투명하게 규정해야 한다.

또한 발주처 · 원청 · 하도급 간에 비용 절감 효과와 위험 부담을 공동으로 평가 · 분담하는 구조가 필요하다. AI 공정 관리 시스템을 통해 공사 기간이 단축되었다면, 그 절감된 비용의 일부는 하도급 업체의 기술 교육비나 안전 관리비로 환원되어야 한다.

AI 기술의 사회적 수용성을 확보하기 위해서는, '비용 절감의 혜택과 기술 리스크의 부담이 상호 균형을 이루는 '공정 분배 메커니즘'이 제도적으로 보장되어야 한다.

결과의 투명성과 피드백 체계

AI의 판단 결과는 프로젝트 이해관계자에게 공개 가능한 형태로 투명하게 제공되어야 하며, 오류나 편향이 발견될 경우 즉시 수정할 수 있는 피드백 구조가 마련되어야 한다.

AI의 판단은 데이터와 알고리즘의 한계에서 자유로울 수 없기 때문에, 결과 검증 과정이 반드시 인간 전문가와 이해관계자의 참여 아래 이루어져야 한다.

이를 위해 AI 시스템의 작동 과정과 결과를 기록하는 AI 판단 로그와 피드백 관리 시스템을 도입해야 하며, 설계자 · 시공자 · 감리자뿐 아니라 발주자와 지역 사회가 함께 검증에 참여할 수 있는 참여형 모니터링 제도를 구축해야 한다.

AI의 판단 결과가 사회적으로 공유되고 검증되는 구조가 마련될 때, 기술의 신뢰성과 산업의 지속 가능성이 함께 보장될 수 있다.

조성광

지본 특허법률사무소 대표 변리사다. 충남대학교 공학대학원에서 건축 구조를 전공해 공학 박사학위를 받았고, 중앙대학교 법학전문대학원에서 지식재산권을 전공해 법학 박사학위를 받았다. 산업재산권 분쟁조정위원, 한국저작권위원회 감정위원, 법원 전문심리위원, 한국무역위원회 자문위원, 신기술/신제품 심사위원, 변리사 시험 및 지식재산능력시험 출제위원 등으로 활동한다. 융복합지식학회 부회장, 대한변리사회 윤리위원 등을 역임했고 현재 한국중재학회 상임이사다. 여러 대학에서 특허법, 상표법, 저작권법, 특허경영실무, 디자인행정론, 주택기술특허특론, 광고 지식재산 경영, 예술과 법 등 지식재산권 각 분야의 과목을 강의했다. 저서로 《CASE 특허법》(2008), 《스마트 앱과 지식재산권》(2013), 《건축과 지식재산권》(2013), 《브랜드네이밍과 상표권》(2014), 《신지식재산법: 퍼블리시티권》(2025), 《인공지능과 특허》(2025) 등이 있다. "외국 중재판정 승인 및 집행의 직권 거부사유에 관한 쟁점 검토"(2023), "A Comparative Review of R.O.K and U.S. Law on Induced Infringement of Therapeutic Method Patents by Legally Manufactured Generic Drugs"(2024), "포스트모더니즘 미술의 저작물성"(2024), "IPR Estoppel의 법리의 사법적 발전"(2025) 등의 논문 다수를 국내외 등재 학술지에 게재했다.